家长有见识，孩子更优秀

博冠国际学校
创始人
江洁◎著

廣東旅游出版社
GUANGDONG TRAVEL & TOURISM PRESS
悦读书·悦旅行·悦享人生
中国·广州

图书在版编目（CIP）数据

家长有见识，孩子更优秀 / 江洁著 . — 广州：
广东旅游出版社，2017.10
ISBN 978-7-5570-1035-5

Ⅰ . ①家… Ⅱ . ①江… Ⅲ . ①家庭教育 Ⅳ . ① G78

中国版本图书馆 CIP 数据核字（2017）第 164129 号

家长有见识，孩子更优秀
Jiazhang You Jianshi, Haizi Geng Youxiu

广东旅游出版社出版发行

（广州市环市东路 338 号银政大厦西楼 12 楼　邮编：510180）

印刷：北京嘉业印刷厂

（地址：北京市大兴区黄村李村）

广东旅游出版社图书网

www.tourpress.cn

邮购地址：广州市环市东路 338 号银政大厦西楼 12 楼

联系电话：020-87347732　邮编：510180

787 毫米 ×1092 毫米　16 开　13.25 印张　153 千字

2017 年 10 月第 1 版第 1 次印刷

定价：39.00 元

本书如有错页倒装等质量问题，请直接与印刷厂联系换书。

目 录
c o n t e n t s

第六章
CHAPTER | **智慧父母的自我提升**

母亲是每个人的第一位老师

德鲁克管理哲学思想传播者　詹文明

1762 年，一名德国女子居然成为俄罗斯的一代女皇，她就是叶卡捷琳娜二世。为了融入俄国的文化，她几乎天天学习俄语，且时常达到废寝忘食的地步，甚至罹患肺炎也不放弃。她更因皈依东正教，能背诵长达 50 页的经文而深受人民的喜爱。她将皇室基金（在当时该基金是俄国全年总支出的 1/13）全数用于教育，创办女性文学杂志，并设立了斯莫尔尼女子学院。

她之所以这样做，唯一的理由是，她认为要使一个国家的公民达到理想而完善的程度，必须依靠每个人的第一位老师——母亲。

德鲁克（管理学教父）的经营理论为全天下的母亲提供了一个明确、简单、清晰、具体可操作的范本：负责任的母亲会极度用心地挖掘孩子的长处，帮助孩子树立短期目标及长期目标，再针对孩子的弱点寻找改善的对策，使孩子在发挥自己的长处时不受弱点的牵制，并使孩子从自己的表现中得到相应的反馈，进而提高自我约束力、自我引导力。

这样的母亲多半会鼓励孩子，而不是一味地批评，但是她们也不会滥用赞美，致使鼓励失去效果。她们认为赞赏孩子是为了让孩子获得满足感与成就感。她们并没有教育孩子，而是为孩子提供学习的方法。因为总是采取一对一的方式，这种教学法几乎适用于每一个孩子。（摘自《旁观者》一书）

多年来，我善用了这套教育逻辑，结果得到了很不错的收获——两个女儿已长大成人，几乎没有让我操心过，反之，她们十分孝顺而且懂得感恩。

江洁之所以会写这本书，乃是基于她近距离地观察到且亲身感受到了家庭的重要性，以及为天下父母做点事的强烈的使命感。所以她愿意为孩子挺身而出，希望为中国的家庭教育做贡献。

江洁观察到，许多被誉为天才的儿童行为出众、天赋异禀，可是长大之后却往往毫无作为、乏善可陈；反之，有些孩子在幼儿时资质平凡，但经由父母的调教或引导却逐渐显露光芒，为国家所重用，甚至举世闻名。

通过一番分析，江洁认为，优质的家庭教育对孩子的发展非常重要。让孩子树立以人格为主轴的核心价值观，加上父母不断地自我提升，才能让孩子有不一样的未来。

这一点在许多优秀家族中不难发现。在这些家族中，父母知道如何成为不折不扣的自我管理者、自我经营者，以及自我领导者，为孩子们树立了正确而良好的学习榜样。十分奇妙的是，孩子们会自然而然地仿效父母，甚至期许自己能超越父母的成就或表现。

俄国大文豪托尔斯泰曾在《战争与和平》中写道："幸福的家庭都是相似的，但不幸的家庭各不相同。"因此，在营造良好的家庭环境之前，父母需要建立优质的家庭文化。例如，我以"诚实正直、发挥所长，追求卓越，反馈社会"作为我的家庭成员的共同价值观。为了实践这一价值观，我与妻子从自身做起，所说的话、承诺的事都要严格地接受孩子的检验。一开始我们极不适应，甚至拒不认错，还好为了下一代着想，也为自己的前途考量，我们最终一步步地学会了向孩子学习，受教于孩子。因此，我跟朋友说："我很感恩！因为我家有'三娘教子'。"

美满又幸福的家庭人人都渴望，那么秘诀在哪儿呢？唯有"家庭文化"能办到。家庭文化的建立是每个人一辈子的功课。良好的家庭文化能培养孩子的责任感、荣誉感，使其做到自动自发、严于律己。我的大女儿刚开始做生意时，拒绝我们帮她拉生意，她说要靠自己，如今每个月能给她妈妈两万元零用钱。二女儿在伦敦自食其力，我们问她是否需要在生活上给予支援，她说不必。她渴望融入英国主流文化，深入英国社会，所以她学习十分努力。这让我们感到很欣慰。她俩至今都在坚持为自己的选择负责，为结果负责，做到了享受自己，享受一切。

我很高兴能为本书写序，希望江洁这位中国家庭文化的普及与传播者能使每一个家庭更好，每个孩子更快乐，更自在地享受人生。

孩子成就父母的幸福

养育孩子是父母的终身事业。如果父母用心陪伴孩子成长，孩子将会受益一生。

走过人生数十载，历数生活中的幸福，事业有成、梦想成真固然能给我们带来快乐，但这些终究是过往云烟。生命中最珍贵的，是家庭给我们的幸福，是孩子们的快乐成长。

在朋友眼中，我是一个特别不安于现状，也特别爱折腾的人。我于 1999 年加入中国平安，2001 年因为能力强、机遇好，成为中国平安最年轻的支公司总经理，拥有了同龄人眼中比较好的职业和收入。2005 年我被调到合肥，2006 年又回到黄山筹建新公司，没想到创造了一个奇迹—成为"泰康人寿全国第一总监"。

但孩子改变了我的人生轨迹。为了孩子，我先后做出了两次重大抉择：第一次是 2011 年的 5 月，为了让孩子获得更好的教育资源，我放弃了黄山的安逸生活，将全家迁到北京。

到了北京之后，我的最大感受是：北京是一个资源多，平台大，信息量、学习资源异常丰富的地方。我参加了北大、清华的总裁班，参加了各种名流俱乐部。在同商业名流、学术名家交往的过程中，我感受到了健康向上的力量，我的生活绽放出更美的光彩。

第二次是希望有时间和精力陪伴孩子度过成长关键期，我放弃了专注 15 年的保险行业，潜心从事父母教育研究和传播，希望用自己的领悟和影响力去引领更多的父母关注家庭教育。

在刚来北京的很长一段时间里，我参加了很多家庭教育研讨会，也接触了很多优秀的妈妈，其中很多人都是有海外留学经历或海外工作经历的"高知"。在同她们的交流学习过程中，我开阔了视野，获得了很多成长。

比如，刚到北京时，我以为教育孩子就是给她找最好的学校、最好的老师，给她报最贵的兴趣班。我甚至还决定，如果我再忙一点的话，就直接给孩子找一个好的家教。后来经过一场场的研讨会，以及和很多父母的交流，我发现他们对孩子的教育投入了很多心力，我这才意识到教育不仅仅是学校的事情，父母也很重要。于是我认真学习家庭教育知识，并在与孩子的互动交流中不断地实践。后来我发现，在教育孩子的过程中，自己也获得了很多成长。于是我产生了做父母教育的想法。我觉得自己做父母教育有两个优势：第一，我是两个孩子的妈妈，我打心眼里热爱教育，希望学有所成，让自己的孩子成为受益者；第二，我有 15 年职业经理人生涯，知道如何运转一个公司。于是我决定做父母教育，希望能成就自己，也把父母教育的理念传播出去，做一些有社会价值的事情。

孩子是家庭的希望，是祖国的未来。父母不仅要成为合格的职业人，还要肩负起育儿的使命，为孩子提供最好的教育，但现实是，家庭、事业失衡现象比比皆是。

父母教育是家庭教育的基础，是国民素质的源头。今天的父母给予孩子什么样的教育，明天，家庭、社会、国家和民族便会收获什么样的未来。所以我希望通过父母教育的普及与推广，帮助父母达到减压增智、家业平衡、幸福圆满的目的。

家庭是一所学校，家庭教育有着自身独特的方式。它通过家庭环境氛围及父母的言论、行为对孩子产生潜移默化的影响，在无形中塑造着孩子的人格、品德与基本素质，所以父母教育是一项非常有社会意义和社会价值的事。

许多父母都有一个共同的感触，那就是现在的父母实在难当。在事业和家庭之间忙忙碌碌，往往什么都没做好。由于父母和孩子缺乏良好的沟通，两代人之间往往有隔阂，甚至形成对立。一些企业家和社会精英在事业上很成功，对家庭管理和子女教育却一筹莫展。

未来 10 年，随着中国社会的不断发展，中国企业管理层将面临大面积的交接班，成功人士所面临的难题往往不再是前方的"事业征战"，而是后方的"家庭挑战"。做好家族管理与财富传承，已成为中国企业家们的迫切需求。

完整的教育体系包括家庭教育、学校教育和社会教育，但父母通常把教育孩子的重任全权委托给学校。为此，他们竭尽所能地为孩子寻找最好的学校。这样做当然没有错。我本人也非常看重学校教育，认为好的学校是父母送给孩子的最好的教育礼物。所以我为灿灿和顶顶分别选了最好的小学、幼儿园。灿灿所在小学非常重视家校共建，其教育理念是"脚踏实地做人，脚踏实地做事，顶天立地做人"。校长陈崴非常有亲和力，曾被评为"'中华古诗文经典诵读工程'全国先进工作者"，荣获了"北京市西城区第一届科研带头人"等多项荣誉。顶顶所在幼儿园的教育理念是"温暖、关爱、真情"——这六个字对于家长来说很温暖——目标是"习惯良好，学会自护，敢于表现，快乐生活"。园长任树娴拥有多年幼儿教育经验，孩子们都亲切地称她为"园长妈妈"。

但是，仅有好的学校教育是不够的，父母还需要做好家庭教育。经过多年的潜心研究，我越发领悟到教育的前提是孩子和父母之间必须建立亲密的关系。父母只有充分了解自己的孩子，深入了解孩子的成长规律，才能真正走进孩子的内心世界。在家庭教育中父母应该是主角，不是配角，更不能缺位。父母的角色是任何人都无法替代的，也没有任何捷径可走。

孩子的问题绝不是靠金钱就能解决的，而是要靠时间和用心陪伴。只有愿意花时间陪伴孩子成长和不断学习的父母，才可能少走弯路。为此，父母要不断学习、勇于改变、更新观念、自我成长，探索适合自己孩子的教养方式。

家庭是社会的最基本单位，实现"中国梦"需要一个个幸福美满的家庭细胞。现在，很多父母在家庭教育方面开始觉醒，也知道自己在教育孩子方面存在不足，期望通过学习获得好的教育观念、教育方法。我作为一位母亲，特别能理解父母的这份心情，但在中国，专门做父母教育的机构还是很稀缺的，所以我希望能够给父母们搭建一个高质量的学习和交流平台。基于此，我创建了博冠国际。

博冠国际与世界接轨，融合了国际前沿的教育理念与教育实践，旨在引领父母将孩子培养成为具有国际竞争力的博士和冠军，帮助更多的家庭拥有最好的生活方式。作为博冠国际的创始人，我把自己对家庭文化全方面的研究与推广作为工作重点，希望在自我提升中和父母共同成长，希望孩子们在父母的培育下拥有在世界舞台发声的机会与实力，让我们共同演绎美好的未来！

我要感谢我的家人。父母、老公、孩子，是你们让我体悟了爱与被爱的幸福。作为一个个性强、脾气倔，不懂得爱家人的女人，是你们的宽容和呵护让我一次次蜕变，用心爱你们将是我最重要的事。

我还要感谢我的 MBA 导师陈素川。2012 年，我给陈老师打电话，告诉她："这一次我下定决心，想做一份属于自己的事业，就是在 2013 年创办一家致力于文化传播的公司。我想把父母教育这个理念传播出去，做一份有社会价值的事业。"

陈老师对我的这份事业特别地支持和认同。她说："在 21 世纪做教育是非常有意义的，时机也非常好。中国人对孩子的教育从来没有这么焦虑过，也从来没有这么投入过。为了能让孩子上名校，许多父母忙着给孩子报各种培训班、兴趣班，买学区房，送孩子出国游学……但这样做对不对？效果怎样？父母心里是没有底的，所以他们急需获得专业指导。"

我有了办教育的想法后，很快就获得了投资人的青睐，也有了跟随者。在一次次的学术研讨及设计课程大纲的过程中，我也得到了很多专家的支持和肯定，在此我要感谢给予我帮助的专家和团队。

我还要感谢泰康人寿董事长陈东升。当我告诉陈董事长我正在从事家庭文化的普及与传播后，他鼓励我坚持下去。他对我说："在中国，家庭管理主要涉及两大人群——孩子和老人，所以，这两个行业都是充满前途的。你现在主要关注孩子的问题，而泰康人寿主要关注老人的养老问题。随着中国日渐进入深度老龄化社会，如何解决老人的后顾之忧成为当务之急。在意识到了这一趋势后，泰康人寿以为老人提供安全、完善的医疗保障为己任，考察了全世界众多的高端养老社区，提出了'人性化、高品质的养老社区'理念。这一理念已经得到了广泛的社会认可，并已被众多家庭接受。我希望咱们的事业都能如朝阳一样蒸蒸日上。"

孩子的命运往往取决于父母对教育观念的选择。美国基督教哲学家阿尔文·普兰丁格（Alvin Plantinga）说：“命运不是机遇，而是选择。”希望本书能帮助你理性思考家庭教育的本质，了解家庭教育应有的格局，以及家庭教育实践的具体方法。但仅仅了解这些还不够，还要付诸行动，要多运用、勤实践，做家庭教育的实践家。

现在，陪伴孩子已经成为我人生的一大乐趣，这些愉快的经历为我未来创作更多的作品打下了良好的基础。希望本书能够惠及所有关心孩子成长的读者。

亲手培育自己的孩子吧

21 世纪的知性男女，在职场上叱咤风云的社会精英，他们中的很多人作为新手父母还没来得及给新生儿一个和父母建立爱与默契的机会，就请来了一大群帮手替自己带孩子：爷爷、奶奶、外公、外婆、月嫂、保姆……一应俱全，唯独把自己"腾"了出来，变成了旁观者，甚至局外人。

国内一份针对"双独生子女婚姻"的问卷调查显示，超过 70% 的年轻父母只生不养，将孩子的养育权交给他人——孩子主要由爷爷奶奶照料的占 42.1%，由外公外婆带大的则占 29.8%，由妈妈全权照顾的仅占 15.8%。

每一种轻松方便都是有代价的。首先，习惯了轻松自在的父母将再难胜任独立照料孩子的重任，也很可能对自己的孩子越来越无所谓。他们对"小人儿"的脾性习惯不了解，哭了闹了搞不定；难得想自己带带，孩子竟试图挣脱去找奶奶。这种挫败感让他们对带孩子更加失去耐心和兴趣，于是想不如算了，全权交给老人或保姆吧。其次，如果父母贪图各种方便，试图跳过所有的中间过程坐享其成，那么将可能无法获得为人父母的真正美好的体验——孩子最信任、最依赖的人可能将不再是自己的父母。

这几年由于投身家庭教育领域，了解了众多家庭教育案例，我深刻体会到做父母本就是个累人的活儿，而且这个活儿没人能替代得了，也没有捷径可走。如果用爱和欣喜与孩子相处，留给父母的，将是一段值得回忆一生的温暖岁月。

用对的方式爱孩子

在 3 岁以前，孩子需要的是一个稳定的、能与之建立依附关系的人。这金子般重要的 3 年，本应是父母和孩子最亲密的时光，但很多父母却让老人或保姆来主导。

如果父母在孩子最需要疼爱的婴幼儿时期没有付出足够的心血，那就得坦然接受孩子在青春期时无视自己的教诲。如果孩子和父母不亲，他又凭什么要在意父母说的话？说到底，有了爱，所有的付出就不再是煎熬。

有的父母认为，爱孩子就是给孩子创造更好的物质条件，就是给孩子买最贵的礼物。但实际上，孩子需要的是父母无条件的爱，而不是过多的物质。所以，父母应该减少物质的给予，增加精神的交流，成为孩子最依赖的人。

也有很多父母懂得这段时光的宝贵，但苦于经济压力，无法亲自带孩子，但他们会每天抽出一点时间和孩子在一起，给予孩子有质量的陪伴。只要孩子需要的安全感、亲密感给够了，即使和孩子不能整天腻在一起，也能和孩子建立良好的亲子关系。

平和的情绪，释放家庭教育的力量

要让孩子获得幸福，不仅需要爱，还需要对情绪进行管理。

父母的教育能量，在于面对孩子成长过程中出现的种种问题时能做到内心平和。内心越平和的父母，对孩子的影响力越强；总是扯着嗓门对孩子叫喊的父母，只会慢慢失去对孩子的引导力。

那么父母应该如何进行情绪管理呢？最简单的方法是在孩子出现问题时不急躁，先把自己的情绪调整好，再来处理问题。

父母也只有学会情绪的自我调控管理，拥有平静的内心，才能对教育专家的理论进行理性思考，进而沉淀、吸收，内化为一种状态。如果没有这一过程，任何教育都是无效的。

用一把金钥匙解开孩子的心锁

了解自己的孩子是家庭教育最核心、最关键的问题。只有了解孩子，才能对孩子做出更加准确的判断，才能对孩子提出恰当的要求，否则，家庭教育会出现各种各样的偏差。

父母要了解孩子各关键期的成长特点，找到孩子的能力优势、兴趣领域、学习潜力等，从而对自己的孩子有个基本判断。

对于 0 ~ 3 岁的孩子，父母要从四个方面对其重点关注：锻炼动作、发展感知、掌握语言、主动探索。我们经常听到有人说"××孩子感统失调"，究其原因，就是孩子在 0 ~ 3 岁这个阶段，父母没有重视孩子感知能力的发展。

在孩子 3 ~ 6 岁的时候，父母要注意给孩子提供学习交流的机会，丰富孩子的生活体验，同时还要让孩子养成良好的习惯。我们都知道养成好习惯很重要，但具体如何养成，父母该怎样关注和培养孩子的好习惯，是需要有专业的指导方法的。

6 ~ 12 岁是拓展经验、建构认知、学习规则和体验社会的最佳阶段。父母除了给孩子提供体验和学习的机会外，对孩子犯的一些"错误"，要理性对待，正确引导孩子。

12～18岁，孩子进入青春期，会面临更多心理、学习等方面的问题。家长应平等地与孩子交流，帮孩子解决遇到的问题，做孩子生活中的朋友，学习上的助手。

与孩子共同学习，要跟上孩子成长的节奏

孩子在与老师、同学接触的过程中，新的东西会不断地进入他的大脑。他思考的很多问题可能是父母从来没有好好想过的。父母如果不学习，跟不上孩子思考的节奏，就没有办法了解孩子的想法，更没有能力指导孩子，在孩子心目中的威信就不会高。

为此，父母一方面要不断地与孩子沟通，认真倾听孩子，了解孩子在想什么；另一方面也要不断地学习，提升自己的思维能力，扩大视野，才能跟得上孩子的思考节奏。

为了更好地帮助父母了解自己的教育观念，博冠国际家长学校（以下简称"博冠国际"）在做父母课程以及各种活动的时候，通常都会提供一份调查问卷，这个调查问卷是我们与父母进行互动的基础。

博冠国际父母讲座调查问卷

1. 您最关注孩子的什么方面？（　）

　　A. 品格　　B. 个性　　C. 情绪　　D. 学习　　E. 其他

2. 您的孩子平时在家有以下表现吗？（多选）（　）

　　A. 有些胆小，很黏人

　　B. 爱哭

C. 注意力不集中

D. 好动

E. 不太合群，不爱和别的小朋友玩

F. 是个小拖拉

G. 无规则感

3. 下面这些话你经常会说吗？（多选）（   ）

A. 不许哭

B. 要听话

C. 为什么打人，一定是你的不对

D. 我这么辛苦赚钱，还不是为了你们

E. 好啦，我现在没空

F. 你怎么这么笨，教那么多次还教不会

4. 面对孩子出现这样或那样的问题，你常常是（   ）

A. 得心应手　　B. 无能为力　　C. 希望得到帮助

5. 你感觉教育孩子最大的困惑是（   ）

A. 教育不得法

B. 好多道理讲不清

C. 父母的意见孩子不愿接受

D. 难于理解孩子的想法

6. 家庭、亲子关系、亲子教育方面，你比较认可的帮助方式是（   ）

A. 听家庭教育讲座

B. 听取其他父母的经验介绍

C. 向学校老师请教

D. 向心理咨询中心的专业人士求助

每次调查问卷收回来之后，我看到很多父母对孩子的教育都非常重视，可是在教育孩子的过程中，教育理念、方法等方面却存在很多困惑。为了解答这些困惑，我特意将多年来的理论学习和实践经验融合成《做最好的父母》一书，本书分为六个版块，希望帮助父母科学培养孩子，实现美丽家庭梦。

第一个版块：培养好孩子需要良好的家庭环境。家庭是人生的第一所学校，良好的家庭环境造就孩子成功的品格。

第二个版块：识别孩子的智慧根基。父母要会识别自己的孩子，发现孩子的性格特质、潜在的才能，按照天性培育孩子。

第三个版块：了解孩子成长的关键期。父母要了解孩子在成长的关键期内有哪些养育重点，适才适龄进行教育，才能事半功倍。

第四个版块：关注孩子的情绪管理。良好的情绪管理是亲子沟通的保证，也是培养高情商优秀儿童的基础。

第五个版块：良好的亲子关系是教育的根本。好的教育来自于好的关系，良好的亲子关系是解决家庭教育问题的基础。

第六个版块：智慧父母的自我提升。要教育孩子成才，先做学习型的智慧父母，父母教育孩子的过程，也是自我成长的过程。

现在的家长不是不关注孩子的教育，而是苦于找不到最佳方法。针对这一需求，作为中国家庭文化的普及者、传播者，博冠国际通过专家团队的多年研发，开发最科学、最具系统性的新理念，融合国际家庭教育权威理论，为大家传播最专业的家庭教育和家庭文化，希望能让更多家庭实现家业平衡、幸福美满！

家庭，孩子成长的摇篮

家庭是孩子成长的摇篮，是孩子养成习惯，形成性格、脾气，建立道德意识最重要的阵地。家庭教育对孩子的成长起着举足轻重的关键作用，是学校教育和社会教育的基础和前提。

母爱与父爱，一个也不能少

母爱和父爱，孩子都需要，只是在孩子成长的各个阶段
分工不同、主次不同而已。

母爱 & 父爱

母爱和父爱，孩子都需要，只是在孩子成长的各个阶段分工不
同、主次不同而已（见表 1-1）。

表 1-1　孩子在各阶段所需母爱与父爱的比例

成长阶段	母爱（%）	父爱（%）
婴幼儿阶段	80	20
小学低年级	70	30
小学中年级	60	40
小学高年级	50	50
初中阶段	40	60

美国著名心理学艾瑞克·弗洛姆（Erich Fromm）经研究发现：孩子在成长过程中需要的母爱呈递减趋势，而父爱呈递增趋势。

由上表可知，在孩子处于婴幼儿阶段及小学低年级时，母亲应居于主导地位。升入小学高年级阶段后，孩子的独立意识慢慢增强，母爱应逐渐减少，父爱应适当增加。

之所以如此安排，是因为母爱与父爱有着各自天然的优势。哈佛大学的研究者发现，人生来有两个发展方向：一是亲密性，二是独立性。母亲的天然优势与责任是培养孩子的亲密性，父亲的天然优势与责任是培养孩子的独立性。（当然，父母的分工不是绝对的，父亲也可以培养孩子的亲密性，母亲也可以培养孩子的独立性，但就各自的天然优势与特殊责任来看，母亲更有责任培养孩子的亲密性，父亲更有责任培养孩子的独立性。）所以，母亲对孩子的影响主要体现在德行礼仪、品格气质上，如果孩子意志消沉、情趣堕落、不懂礼仪、不知感恩、不合群，母亲要负主要责任；父亲则影响孩子的兴趣方向、理性作为，如果孩子精神萎靡、没有爱好兴趣、没有方向感、没有责任感，父亲要负主要责任。

由此可见，最好的家庭教育模式一定是父母联盟——父母按照孩子在不同年龄段所需的父爱与母爱的多少发挥应有的作用。但长久以来，许多家庭的教育模式是有问题的。很多做父母的，尤其是母亲，由于不了解孩子的成长需要，总是怕孩子做不好，处处代劳，结果让母爱泛滥成灾；而做父亲的又没有及时地补充进来。这样，一方面会使孩子失去独立思考、独立解决问题的能力；另一方面，对孩子健全的人格形成也是极为不利的。

好妈妈成就好孩子

关心孩子的教育

要成为好妈妈，首先要关心孩子的教育。

有人说"现在是一个'拼爹'的时代"。这种说法有一定道理。因为大多数家庭的财富是由爸爸挣得的，而良好的经济条件、强大的人脉、"高大上"的社会背景，的确可以为孩子创造更好的发展条件。但我认为，单纯"拼爹"是不够的，还得"拼妈"。

所谓"拼妈"，并非拼妈妈的学历或社会地位，而是拼妈妈的教育理念及教育手段。在中国大部分的家庭，孩子的家庭教育主要是由妈妈来做，因此妈妈的教育理念及教育手段将直接影响孩子未来的综合竞争力。

《射雕英雄传》是一部为大家所熟知的经典武侠作品。很多人读后都会发出这样的疑问：同样是英雄的后代，为什么高智商的杨康失败了，而智商平平的郭靖却取得了巨大成功，成为一代大侠？有人说，那是因为郭靖运气好，而且师父都是武林高手，但杨康的师父丘处机、梅超风的功夫也不差啊，可见师父武功好坏真的不是命运的决定因素。

我认为，解决以上疑问的关键在他们的母亲身上——两位母亲的教育理念及教育手段截然不同。郭靖的母亲李萍，用现在的话讲是个标准的家庭妇女，没有文化，没有社会地位，又遭逢家庭巨变，但她不向命运屈服，也不妄自菲薄，将郭靖培养成为一个积极向上、吃苦耐劳、独立、不服输、认死理、讲信义，有责任心和民族大义的人。而杨康的母亲包惜弱，有文化，有教养，但"慈母多败儿"，她没有在杨康心里种下民族大义的种子，导致了杨康人生的重大悲剧。

做心智成熟的妈妈

每个妈妈都希望自己的孩子性格活泼开朗、热情直率、勇敢坚强，做事认真细致、有责任心，既有很强的独立性，又善于与别人相处。但这些优点需要妈妈在心智成熟的情况下才能培养出来。

心智成熟的妈妈，情绪一定是健康的。

很多女性在升级为妈妈后，虽然角色发生了改变，但心智却没有随之成熟：有的人无法做到开朗乐观地面对琐碎的生活，怨气过多，自己不快乐，还把不良情绪带给了孩子；有的人在处理家庭问题时忽略了孩子的感受，不自觉地让孩子成为父母不良关系的"夹心饼"；有的人以"爱"的名义付出，给予孩子的却不一定是孩子需要的，反而制约了孩子的发展；有的人面对孩子，虽然心中有爱，但缺乏足够的耐心和理解，不能积极倾听孩子心声，也不肯给予孩子鼓励和赞美，更无法和孩子成为无话不谈的朋友……

我曾经就是一个心智不够成熟的妈妈。2006年我生灿灿的时候，恰恰是公司筹建工作最忙的时候，所以生完灿灿一个月后，我就开始忙于公司的事情，除了给孩子喂奶，我很少陪伴孩子，孩子都是由保姆来照顾。

就在灿灿两个多月的时候，有一天我开完会已经是晚上9点多了，结果我一到楼下，就听到了孩子的哭声。我一边想着是不是我的宝宝在哭，一边往楼上跑。到了楼上，我打开房门一看，只见保姆正满头大汗地哄着灿灿，灿灿哭得小脸通红。一问才知道孩子饿了，可保姆又不敢擅自给孩子喂奶粉（那个时候我很固执，觉得孩子一定要吃母乳，所以保姆在没有得到我允许的情况下，绝对不能给孩子吃奶粉），只好等着我回来。

在灿灿0～1岁这个最重要的发展阶段，我除了给她喂奶，很少抽时间陪伴她，都是由我妈妈和保姆照顾她。而且她一出生，就自己一个人睡在小婴儿床上，而保姆睡在另一张床上，她就一直这么"独立"地成长着。幸亏在我妈妈无微不至的呵护下，灿灿得以快乐地成长。这让我这个做妈妈的少了一些内疚感。

灿灿两岁时，我就一门心思地想让她上幼儿园。当时我在教育孩子上没有任何经验，也没有请教任何人，完全凭借自己的本能认为，最"高大上"、最漂亮、环境最好、综合办学条件最好的幼儿园就是最好的，于是我选了一个很贵但离家很远的幼儿园，孩子每天需要坐校车上下学。

上幼儿园对每个孩子来说都是一道坎儿。孩子第一次离开家人，来到了一个新环境，心理和身体都要经受极大的考验，而我当时我根本不了解这一点，所以灿灿上了两天幼儿园就开始生病。

我把灿灿送到医院之后，医生检查完，说孩子要想好得快，必须打针。当时我却很自以为是地认为没有这个必要，只是回家后给灿灿吃了点儿药。第二天是灿灿的两周岁生日，我却因为需要去总公司参加一个全国性的研讨会，没有在家里陪伴她。第二天下午我有一个演讲。就在演讲开始之前，妈妈给我打电话，说灿灿住院了。当时我的心里真的是特别难受，都是因为我的自以为是，孩子才遭了那么大的罪。事后经过反思，我才真正认识到：职业女性不能只关注事业，还应该关注孩子的成长，做到科学育儿。

要想成为心智成熟的妈妈，必须做到以下四点：

第一，在进家门之前务必提醒自己：忘掉工作中的不愉快，从现在开始，我需要承担母亲的角色。孩子需要从妈妈那里获得快乐，所以千万不要把与孩子无关的坏情绪转嫁到孩子身上。

第二，要真心与孩子一起分享他的快乐。

当孩子有快乐的事情想要与人分享时，第一个想到的往往是自己的妈妈。这时妈妈就要把自己的事情放到一边，认真倾听孩子。

孩子是特别聪明的，你有没有全身心地与他交流，他完全能够感受得到。当他总是得不到你的真诚回应，慢慢地就不会主动与你分享他的快乐了。所以当孩子兴冲冲地告诉你，他今天在学校得了一朵小红花的时候，千万不要表现出厌烦或者不屑一顾，而要表现得和孩子一样高兴，再问他能不能让你看看他的小红花。

第三，在孩子面前适当装"无知"，鼓励他动脑筋。

当孩子问妈妈问题时，妈妈绝不能表现得像在单位里那么聪明能干，而应该适当装"无知"，鼓励孩子自己动脑筋想办法，锻炼孩子依靠自己的力量解决问题的能力。比如，当孩子来问妈妈"这个字怎么念"时，妈妈绝不能说"你怎么连这个字都不认识？！"这样的回答只会伤孩子的心，但是直接告诉孩子答案也不是明智之举。最好的做法是对孩子说："哎呀，妈妈也不认识，我们一起查字典，好吗？"孩子通过查字典认识这个字后，就会有很强烈的成就感，重复多次后，他就会养成遇到不懂的问题就查阅资料而不是依赖妈妈的习惯，从而学会自主学习。

第四，当孩子遭遇失败或挫折时，要善于鼓励孩子。

当孩子遭遇失败或挫折时，妈妈首先要冷静地告诉孩子：一次失败并不意味着终生失败，然后帮助孩子查找原因，总结教训，改进方法。但很多妈妈做不到这一点。我们经常看到这样的场景：当孩子玩有些难度的游戏时，一旦孩子遇到困难，有些妈妈就会说："别玩了，你不适合玩这个。"孩子从此不再玩这个游戏。也有的妈妈会表现出失望的神色，甚至用刻薄的语言讽刺和挖苦孩子，把孩子数落得一无是处。这种做法可能会导致孩子变得极度自卑，甚至主动放弃本应美好的前途。所以，妈妈一定要鼓励孩子坚强，不要一遇到困难就轻易选择放弃，这样才能培养孩子的毅力。

第五，与孩子对话时，少用"你必须、你应该"等命令式口气。

妈妈在孩子面前要注意说话方式，不要在孩子还没把想说的话说完时，就抢先表达自己的观点，或不管孩子是否愿意，就以"你必须……""你应该……"的语气命令孩子，而且要求孩子立即执行。

如果妈妈专制，孩子要么缺乏主见、判断力，万事以妈妈的意志为准，要么极其叛逆，事事与妈妈的期望反着来。

第六，不提旧账，不揭短。

与爸爸相比，妈妈与孩子相处的时间更长，更清楚孩子的弱点是什么。假如妈妈在说话时经常直指孩子的弱点，经常讽刺、批评孩子，或强迫孩子做他不愿意做的事，或是明明知道孩子做不到，还故意要求孩子去做……这些做法无疑是在用最尖锐的武器直戳孩子的痛处，孩子的内心可能会很受伤害，因为这一伤害来自于他最亲近的人。这样做无助于帮助孩子认识错误，孩子还是会不断地重复错误。

总之，妈妈在家就是妈妈，不是职业女性，妈妈应该照顾好孩子的生活起居，关注孩子内心的起伏变化，关心孩子的一举一动，呵护好孩子幼稚的情感，培养孩子的良好性格。

养育孩子，父亲也不能缺席

父亲不仅参与了孕育孩子的过程，在孩子出生后，父亲对孩子成长的影响也是巨大的。美国心理学家艾瑞克·弗洛姆说过："父亲是孩子的导师之一，他指给孩子通向世界之路。父亲虽不能代表自然界，却代表着人类存在的另一极，那就是思想的世界，科学技术的世界，法律和秩序的世界，风纪的世界，阅历和冒险的世界。"

美国耶鲁大学的科学家最近得出的一项研究成果表明：由男性带大的孩子智商一般都比较高，在走向社会后也更容易成功。现代心理学研究也发现，孩子的成长，特别是一些优秀的心理品质，如坚持、责任、勇气等，均需要在父亲的鼓励和积极参与下才能培养起来。

尽管父亲带孩子的好处多多，但在现代社会中，父亲却往往成为家庭教育的局外人。这一现象一般是由两个原因造成的：一是男人大多担负着养家糊口的重任，必须努力挣钱，因此没有时间陪伴孩子；二是在"男人负责挣钱，女人负责管家"思维定式下，很多妻子觉得男人在外面打拼一天，回到家后就该好好休息，不让其插手家务以及孩子的教育。长此以往，父亲在孩子成长过程中的作用被逐渐弱化，甚至渐渐淡出。

但随着家庭教育的普及，越来越多的人认识到了父亲在家庭教育中具有不可替代的作用，于是《爸爸去哪儿》等一系列关于父亲育儿的综艺节目应运而生，在社会上掀起了不小的父亲育儿热潮。在明星的示范下，越来越多的父亲愿意并积极加入到育儿大军中。

再好的母亲也无法替代父亲的角色，因为二者的教育侧重点是不同的。父亲对孩子的教育，主要体现在两个方面：第一，规则教育；第二，形成性别意识。

与孩子交往时，母亲更多的是与孩子进行语言交流，而父亲则多是通过运动、游戏与孩子进行交流。在游戏过程中，孩子会从与父亲的交流中知道什么是规则，会观察父亲怎样面对挫折、化解危机，进而模仿。所以爸爸要多带孩子做户外运动，锻炼孩子的冒险精神和勇气。

我先生工作特别忙，平时很少有时间陪孩子。2014年4月，"博冠国际父母聚乐部"举办了一场亲子户外拓展活动，要求父亲带着孩子一起参加。我觉得这是一个增进父子关系的好机会，提前就和先生约好，让他那天一定要抽出时间来参加活动。

活动开始前，工作人员跟我说这次拓展活动要求孩子必须在 5 岁以上，因为有些项目对孩子的年龄有要求。当时我心里一沉：完了，顶顶还不到 4 岁，没法参加活动，只能在台下给哥哥姐姐们喊加油了。可是当我朝台上望去时，突然发现先生和顶顶竟然也站在了拓展队伍中。我走过去问先生："怎么，你们想试试吗？"先生说："带儿子试试吧，不行再下来。"

顶顶刚上去时腿有点儿抖，不敢迈步向前走，于是他转头看着爸爸。他爸爸坚定地告诉他："顶顶，你行的，爸爸和你一起过去。"于是，顶顶在爸爸的鼓励和帮扶下，迈出了第一步。

出乎我的意料，在长达一个半小时的活动中，顶顶从头至尾都没有哭一声，在他爸爸的帮助下顺利地完成了整个拓展项

顶顶与爸爸参与拓展活动

目。当顶顶独自从缆绳上滑下来的时候，他的眼睛发亮、满脸自豪，笑得非常开心。

这次活动让先生的感触特别深，他对我说："这个平台做得好，你们的活动也非常有意义。通过这次活动，我的收获真的很大。"而顶顶在参加了这次活动之后，也变得更加勇敢和坚强了。

他俩的反馈让我庆幸，如果那天我独自带着孩子去参加活动，孩子很可能只能当观众，不可能获得如此美妙的体验。

父亲在男孩与女孩的性别化发展进程中也具有重要影响。男孩会模仿父亲的角色和行为，认识、认同自己的男性身份。对女孩来说，爸爸的言行、待人接物的态度，都会对其今后的社交能力和性格产生非常重要的影响，甚至会影响未来其与丈夫的相处模式。我的一位女性朋友用自己的经历印证了这一点。

从小到大，我都很羡慕身边的女孩能在她们的爸爸面前撒娇，感受来自爸爸的鼓励和关爱。而我从记事起，从没有听到爸爸对我的夸赞。小时候考了满分去跟爸爸报喜，他只会淡淡地说："考了一次满分有什么稀奇？"有一次我画了一幅自己很满意的画，他看后只是以大人的视角评价说："这么丑，有什么好看的？"

在成长的过程中，我不断地尝试着用语言和行动去讨好爸爸，希望他可以对我笑笑，可以主动跟我说说话，可是得来的，永远是他板着的面孔、冰冷的话语……

上了高中以后，我已经不再有信心与父亲建立我所希望的父女关系，但出于孝顺，即使他对我冷言冷语，我也不会顶撞他，只是默默承受。

后来我有了自己的家庭，在与丈夫相处的过程中，我总是试图让丈夫能同时扮演父亲的角色，希望他能给予我父亲般的关爱。我知道这对于与我同龄的丈夫来说是不公平的，但是这份期望在不断地折磨我，使我变得日益自卑、悲观。

在经过很长一段时间的学习之后，渐渐成熟的我明白自己不能再沉浸在小时候的伤害中无法自拔。但真正走出这一阴影需要一个非常漫长的过程。我希望通过自己的努力，打造一个自信的自己。

虽然父亲在孩子的成长中扮演着如此重要的角色，但并不意味着父亲必须牺牲事业做全职奶爸，只要父亲能在工作之余抽出一段时间陪伴孩子，与孩子做做游戏，享受与孩子在一起的时光，也是在参与家庭教育。

父亲与孩子在一起的时候，不但要有"量"（时间、机会），更要注重"质"（能促进与孩子更深层次的感情，积累快乐的回忆）。为此父亲应该刻意安排时间，精心设计如何与孩子一起度过，让父子（女）间的"储爱槽"充盈起来。

我记得有一次和汉王集团的徐总聚会，他还带来了他的太太和两个特别可爱的孩子。徐总说："我们家分工很明确，太太主要带孩子，我主要忙事业，但是我觉得最快乐、最放松的时候是和孩子在一起。虽然我的工作很忙，但每次孩子有特别的活动，或在一些重大的节日，我都会提前安排好时间陪孩子。"在整个聚会过程中，我观察到两个孩子跟爸爸一直很亲密。由此我认为，男人既可以在事业上取得成功，也能成为优秀的父亲。

这次聚会后，徐总还特地邀请我去汉王集团给他们的员工做了一场家庭文化普及讲座。讲座结束后，我又与员工进行了简短的交流。他们告诉我，由于平时要上班，周末又要忙于处理家庭事务，与孩子相处的时间并不多，再加上没有时间和机会系统学习家庭教育知识，因此在教育孩子上有很多困惑。所以他们一致认为公司组织的这次讲座是送给他们的最有意义、最有价值的福利，并希望公司今后能定期举办这样的家庭教育讲座。

好家庭胜过好学校

理想的家庭教育，是没有污染，不急功近利，让孩子顺应天性发展。为此父母要给孩子营造良好的家庭环境，用优良的家风影响孩子，以自己的良好习惯感染孩子，培养孩子的各种能力，给予孩子足够的发展空间，注重培养孩子的兴趣爱好。

良好的家庭教育造就孩子的成功

中国有句古语叫"三岁看大，七岁看老"，可见 0 ～ 3 岁是塑造孩子习惯、性格和品质的"黄金时期"。在这一阶段，父母的一举一动、一言一行都会对孩子起到潜移默化、耳濡目染的影响，所以家庭教育非常重要。

理想的家庭教育，是没有污染，不急功近利，让孩子顺应天性发展。为此父母要给孩子营造良好的家庭环境，用优良的家风影响孩子，以自己的良好习惯感染孩子，培养孩子的各种能力，给予孩子足够的发展空间，注重培养孩子的兴趣爱好。

但是，在现实社会中，父母由于这样或那样的原因，没有为孩子提供良好的家庭教育，导致孩子出现各种偏差（见表1-2）。

表1-2　家庭教育对孩子的影响

教育类型	孩子的特点
过度保护型	胆小、孤僻，很难适应集体生活
放任不管型	不合群，缺乏合作精神
过度严厉型	胆怯、软弱自卑或粗暴反抗，爱说谎
隔代教育型	任性、不分好坏、缺乏责任感
保姆教育型	依赖、缺乏主见、不懂礼貌

过度保护型

很多父母怕孩子受到伤害，处处干涉、限制孩子的活动。比如，怕地上不卫生，总是将孩子抱在怀中，不让孩子自由活动；怕孩子弄脏衣服，拒绝让孩子游戏；怕孩子摔倒受伤，不让孩子骑自行车……结果，孩子往往变得胆小、孤僻，很难适应集体生活，自理能力差。

某个班级的同学在野炊时，其中一个学习成绩很好的男孩表示自己什么也不会做。他说："我姥姥有三不准：刀不准动，电不准动，火不准动。我连'家炊'都不会，哪还会野炊啊？不是我不想干，而是不会干。"

过度保护对孩子成长的负面影响很大——孩子的生理发展和心理发展将比一般的孩子要缓慢得多。就如案例中提到的那位姥姥，她出于安全考虑，对孩子的行为处处限制，结果孩子什么也不会做，变成了一个只会学习的机器。可见，从某种意义上来说，对孩子的过度保护其实是在伤害孩子。

放任不管型

很多父母整天忙于工作，为孩子提供的只是生活上的保障，而对于孩子的内心世界却一概不闻不问。当有人质问他们为什么不管孩子时，他们还为自己的失职找理论根据："我这是对孩子采取自由放养教育，外国人都是这么做的。"其实，这些父母混淆了"放任"与"放养"——放养是指让孩子从小就适当地接触自然、社会，较早接受社会锻炼；而放任是指不关心孩子的心灵，不对孩子的成长进行引导，是一种不负责任的表现。

对孩子放任不管，容易导致孩子不合群、缺乏合作精神，最容易形成"问题儿童"。

这一类型的父母应该转变观念，变放任为放养，关注孩子的内在生命力，引导这种内在生命力往更好的方向发展，并教导他们适应群体社会生活必须具备的能力，比如品格养成、人际关系、表达能力、面对挫折的能力、独立思考能力、创造力等。

过度严厉型

有的父母的确非常爱孩子，但是错误地认为"棍棒底下出孝子""不打不成才"。每当孩子的表现与自己的期待不一样时，就通过打骂来解决问题。这种望子成龙的爱给孩子带来的不是欢乐，而是痛苦，往往会对孩子的身心发展造成难以弥补的创伤，使孩子对父母、对他人、对社会，甚至对自己产生"恨"，变得脾气暴躁、胆怯、软弱、自卑、没有自我。

这一类型的父母在进行家庭教育时应该充分肯定孩子的优点，培养其自信心，而不是一发现问题就批评、指责或惩罚孩子。

隔代教育型

在中国家庭，隔代教育的现象普遍存在。很多父母因为忙于事业或外出打工，无暇顾及孩子，只好把孩子交给爷爷奶奶或外公外婆看管。

由于缺少父母的关爱和监督，加上老人往往对孩子溺爱大于教育，导致孩子养成蛮横自大、任性、不分好坏、不尊重长辈等不良习惯，也容易出现行为偏差，做出严重的不良行为。

小A是一名小学一年级的学生，每天上下学由爷爷奶奶、外公外婆轮流接送，并照顾他的饮食起居。这些祖辈人几乎每天中午都要来学校，先是躲在门口看孙子吃饭，后来干脆强行进教室给孩子喂饭，造成孩子的自理能力很差。

有一次体育锻炼结束后，孩子们正在吃早点。小A很快就吃完了点心，抽了一张餐巾纸擦了擦自己的小嘴。当老师正想着"这孩子真讲卫生"时，小A突然将餐巾纸揉皱了扔到老师的脚下。老师拉住他说："小朋友，请将餐巾纸扔到垃圾桶里，好吗？"只见小A双手叉腰，用眼睛瞪着老师说："嘿！老师你真懒，又叫我做事，我回去告诉奶奶。"说完噘着小嘴生气地走了。

老师知道这都是家长溺爱孩子的结果。在老师的坚持下，小A的奶奶终于不来幼儿园照顾孙子了，但小A在班上还是不太合群、胆小孤僻、动手能力差，在同伴面前显得有些自卑。

虽然隔代教育有这样或那样的问题，但只要老人懂得科学地养育孩子，孩子也能变得非常优秀。

有一天我家来了两个小客人——我女儿的同学。我发现其中一个女孩小B特别有礼貌，言行举止也非常优雅。后来有一天，我在小区里恰好碰到小B的外婆，一聊天才知道小B的父母都在国外工作，一年也就回国几次，所以小B自出生后，就一直跟着外公外婆。在外公外婆的悉心培养下，小B不管是在学习上，还是在为人处世上，都表现得很优秀。

隔代教育作为一种客观存在的家庭教育方式，对孩子的个性发展有着极大的影响。所以，父母应该清楚地认识到隔代教育的利与弊，在发挥其教育优势的同时，认真克服种种负面影响，使孩子现有的家庭教育状况得以改进，让孩子快乐、健康地成长。

保姆教育型

许多高级知识分子或企业家，由于事业比较忙，又希望孩子获得更好的照顾，便将孩子全权交给保姆。由于父母很少跟孩子相处，孩子大多数时间都是跟保姆在一起，所以孩子对保姆的依赖性很强，甚至只愿意跟保姆亲近，跟父母的关系很疏远。

有一次，我去参加某高尔夫俱乐部十周年庆典。庆典结束后，我和几个朋友没有进场打球，而是去娱乐部做陶艺。我发现身边有两个小女孩也在做陶艺，就跟她们聊天。当我得知她们一个10岁、一个6岁时，就好奇地问："今天不是周末，你们怎么不上学呢？"她们回答："爸爸妈妈说今天是俱乐部十周年庆典，机会难得，所以把我们带来参加活动。"我说："你们的爸爸妈妈呢？"她们回答："进场打球了，是阿姨带我们到这里玩的。"我问："阿姨很好吧？"她们说："阿姨很好。妈妈很少管我们，就知道购物、看电视、会朋友。爸爸经常出差，太忙了，很少有时间陪我们，我们几乎看不到他。"后来我在旁边观察了很久，发现孩子确实一直和保姆很亲密。

保姆可以很好地照顾孩子的起居，但在教育孩子等问题上往往顾虑重重。毕竟保姆只是被雇佣者，她们害怕对孩子管得太严，孩子会告到雇主那里，自己很可能丢掉工作，所以，保姆往往会尽可能地满足孩子的一切要求。结果导致孩子不仅极其依赖他人，缺乏主见，脾气也会越来越大。所以，对于事业比较忙的父母来说，孩子的生活起居等琐事可以交给保姆打理，但孩子的身心发展则必须亲自过问。

有一次我跟一家高端俱乐部的创始人一起吃饭。他本身就很忙，但我们一聊天，才得知他的太太也在经营一家企业，比他还忙。他家老大从小就是保姆带，现在上的也是寄宿小学。老二现在4岁了，也是由保姆带，但非常难管。

我当时特意请教他怎么看待我创建的父母教育平台。他说："你提出的这个理念真的很好，现在社会很需要啊，特别是我们这个群体有很大的需求。"我当时对他说，我创建这个平台的最主要原因，是因为5年前看到了一个报道。记者在采访世界500强企业老板时问："如果时光可以倒流的话，你觉得什么对你最重要？"其中一位企业家说："如果时光可以倒流的话，我希望能陪伴我的孩子一起成长。"这个回答深深震撼了我，也让我深受启发——事业成功，弥补不了子女教育的失败。所以从那时起，我决定创建一个高质量的父母交流学习平台，也促使自己能不断地学习、提升，成为一名合格的父母。该创始人听了我的这番话后说："你说得非常有道理，我以后会经常带着孩子参

博冠国际父母聚乐部亲子欢乐行

加你们聚乐部的活动。"不久，他果然带着孩子参加了博冠国际父母聚乐部组织的植树节亲子活动，并对活动给予了高度评价。

身教重于言教

很多父母对教育孩子非常上心，可他们即使磨破了嘴，操碎了心，孩子的行为习惯依然不好，其中一个重要原因是父母只注意言教，没有注意身教的作用。

我国近代的教育家叶圣陶说："身教最为贵，知行不可分。"苏联教育家马卡连柯也指出："自身的行为在教育上具有决定意义。"所以父母在教育孩子时，一定要注意身教重于言教。

由于孩子的模仿能力强、分辨能力差，"近朱者赤，近墨者黑"在他们身上表现得更加明显。作为孩子最亲近的人，父母的一言一行都会对孩子产生潜移默化、耳濡目染的作用。所以父母要提高自身的修养，以自己的榜样力量教育孩子。

有一次，我在整理会员写的案例时，看到一位妈妈说她比较"狠"，会让自己的儿子做很多家务。于是我就对女儿说："你看这个小朋友还是男孩子呢，都能做很多家务。你可是女生哦，女生一定要做家务。"谁知女儿说："妈妈，你不是也是女生吗？你怎么不做家务呢？"瞧瞧，现在的孩子说话多么犀利，立马就这么回应我了。于是我向她解释："妈妈因为工作特别忙，没有时间，所以是奶奶和阿姨做家务，但是你还小，一定要学会做一些简单的家务。"从此以后，我开始有意识地让女儿做家务，比如收拾一下碗筷、整理一下房间等。当然我也会尽可能地多做些家务，给孩子做好榜样。

"正人先正己"，在对孩子提要求前，父母自己首先要做到。教育孩子讲文明礼貌，父母就不能满嘴脏字；教育孩子学习要专心，父母做事也应专心；教育孩子做事要认真仔细，家长就不能马马虎虎；教育孩子不打骂别人，父母就不能打骂孩子；教育孩子尊敬父母，父母就要尊敬长辈、孝敬老人……

传承财富不如培养财商

"不怕口袋空空，只怕脑袋空空。"父母只给孩子财富是没有意义的，如果孩子没有获得处理财富的能力，即使口袋再满，早晚有一天也会空空如也。为此，我提出了"传承财富不如培养财商"的理念，并开发了一系列课程。

5～12岁是对孩子进行理财教育的关键期。在这个阶段，虽然孩子的金钱价值观和消费观尚未定型，但已经对钱有了初步认识，希望获得属于自己的钱。

有一次灿灿去参加夏令营，带队老师要求每个孩子只能带200元钱。从夏令营回来后，灿灿给了我们全家一个惊喜——她用100元钱给她的奶奶、爸爸、我、弟弟、小姨、小姨父、妹妹，还有她自己买了礼物。而剩下的100元钱她郑重地向我表示由她自己保管，我不能收回去。我听了她的话，不禁哑然失笑，但还是点头表示同意。

财商将决定孩子未来的生存能力。一些西方心理学家认为：孩子越早掌握如何使用金钱，就能越快地适应成年后的生活。所以当孩子对钱有了初步认识时，父母就要开始有意识地培养孩子的财商。

培养孩子的财商，需要做到以下几点：

· 帮助孩子认识各种货币的价值及用途；

· 培养孩子的储蓄观念，使其学会合理地使用自己的积蓄；

· 教会孩子乐于分享，体验助人的喜悦；

· 协助孩子拟订一个消费计划并正确执行。

认识货币，合理使用储蓄

财商教育应当生活化。也就是说，父母应当让孩子从实际的体验中学会理财技巧的奥妙，而不是单纯地灌输金钱观念。

为了让灿灿和顶顶认识货币的价值及使用方法，我曾带着他们参加过一次某银行举办的"小小理财家"活动。在活动中，每个孩子都能领到一沓练钞币，用于"购买"物品。此外，主办方还为每个孩子开设了一个账户。我告诉他们：妈妈会把每年的压岁钱存在他俩各自的账户里。虽然账户里的钱由他们自己负责支配，但支配前必须要跟爸爸妈妈商量。通过这一活动，孩子对钱有了直观感受，对钱的价值大小有了形象的认识，并初步建立了储蓄意识。

培养孩子的节约意识

中国的父母都很"爱"自己的孩子，就算再吃苦受累，也要把最好的给孩子。以前我也是这么"爱"孩子的，给他们提供最好的环境，买更多的玩具、最好的衣服……总之在物质上尽量满足他们。结果，孩子觉得父母为他们所做的一切都是理所当然的，只要自己想要的东西，即使撒泼打滚也要得到。

在意识到"培养孩子的财商很重要"后，我开始有意识地约束他们的占有欲。比如带孩子去超市购物之前，我与他们约定每个人想要的东西不能超过三件，并定下总金额的上限。在结账前，我还会让灿灿计算一下总金额是否超出了预算（那个时候灿灿已经在幼儿园学会了加减法），如果超出预算，他们要么放弃一样自己挑选的东西，要么换一个价格便宜一些的。经过长时间的潜移默化，孩子开始在意金钱了，不再像过去那样乱花钱了。

教会孩子乐于分享，体验助人的喜悦

父母还要让孩子明白金钱不仅能给自己带来快乐，也可以给他人带来幸福。为此，父母可以让孩子多参加社会公益活动。

有一次，我带灿灿去必胜客吃饭，当时必胜客正在举办"多加一元钱献爱心"活动。我就跟灿灿说："你看图片上的孩子多可怜，连饭都吃不饱，我们是不是可以捐一元钱给他们？"灿灿听了我的话，脸上露出了同情的表情，随后用力地点了点头。于是我给了她一元钱，让她给收银员。

当收银员接到灿灿递给他的钱时，不住地夸赞灿灿，还在

她的衣服上贴了一张"爱心捐赠大使"的贴纸，我也配合着给她拍了一张照片作为纪念。当时她的心情美极了。

．．．

孩子通过参加公益活动，将真切地意识到很多同龄人无法像他们那样生活在爸爸妈妈的呵护当中，即使只捐出很少的钱，也会对被捐赠者的学习和生活有很大帮助，同时也能意识到帮助他人获得的快乐，是不能用金钱来衡量的。

财商教育，是一种在生活中引导孩子体验和管理金钱的实践，也是引导孩子学会规划梦想和管理人生的生存教育，更是引导孩子学会感恩父母、建立责任感、获得独立自尊等健全人格的教育。正确的财富观念、理财意识和良好的理财习惯，将让孩子终身受益。

"速商"，让孩子更接近成功

美国斯坦福大学对于成功的决定因素提出了一个公式：

成功 =20%IQ（智商）+40%EQ（情商）+40%SQ（速商）

据统计，在所有儿童中，真正的高智商儿童仅占 5%，这就意味着大部分孩子都是智商平平的普通人。所以，父母要想使孩子脱颖而出，与其在提高孩子智商上费功夫，不如将精力放在培养孩子的情商和速商上。

所谓"速商"（Speed Quotient），是指一个人对外界事物进行客观认知和做出迅速反应的能力的指数，代表一个人的大脑在单位时间内对外界信息的摄取量和对外界事物变化的应变能力。

"速商"这一概念是由美国哥伦比亚大学教授索戴克（E.L.Thorndike）和美国心理学家霍华德·加德纳教授（Howard Gardner）于 1998 年提出的。他们认为"速商"是个体的重要生存能力，是一种发掘大脑运作效率，让人快速适应变化，影响生活各个层面和人生未来的关键品质因素。加德纳教授甚至认为，在人的成功要素中，智力因素是重要的，情感因素也是重要的，但更为重要的是"速商"因素。也就是说，高速商的人比高智商或高情商的人更容易获得成功。我的经历是这一结论成立的有力证明。

我刚参加工作时，有一次和妹妹去亲戚家做客，无意中拿起放在桌上的一份报纸，看到报纸上登出的一则房产交易会广告，于是当天就去了房产交易会现场。在那里我看上了一套非常不错的房子，回来后便对亲戚说："这个房子不错，我想让我爸爸买。"亲戚却说："以我对你爸爸的了解，他非常固执，肯定不会同意。"

我一回到家就抱着试试看的态度对父亲说："我参加了一场房产交易会，看上了 ×× 小区的一套房子。这套房子的面积有 120 平方米，总价才 16 万多元，而且首付只需 20%。再加上建筑质量、地理位置都非常好（该小区属黄山第一代富人区），升值空间很大，非常值得买。爸爸，你能不能去看一看呀？"结果爸爸被我说动了，真的跟我去看了房子。去了一看，他也觉得房子很不错，于是就买了。

很多人对我们家买那套房子很不以为然，觉得我们买贵了（当时黄山的房子均价只有800多元一平方米，而那套房子却要1000多元一平方米）。尽管当时我们家并不属于有钱人，父母都是普通的公务员，我的工作虽然不错，也只是刚刚起步，但我认准了这套房子买了不会亏，就果断做出决定。果然不出我所料，等我们全家几年后离开黄山时，这套房子的出手价格是70万元，获利还是非常大的，所以说反应的速度真的很重要。

在机会面前，人人都是平等的，但能否抓住机会，还要看人的反应速度，所以培养孩子的速商真的很重要。

让孩子学会为自己的行为负责

把孩子培养成为一个合格的公民，父母需要从小对其进行行为规范教育，让孩子学会对自己的行为负责。为此，父母应该适当放手，给孩子经历事情的机会和权利。

我从2011年开始做这方面的改变。但头两年因为没有有效的方法，我往往强势要求孩子做这做那，而孩子却极其抵触，搞得双方都疲累不堪。通过学习和摸索，我渐渐意识到：家庭沟通不能仅用语言，还需要非语言的交流工具。

齐大辉教授是我的老师。他传授给我一个秘诀，就是与孩子制定

"家庭公约"。他说："家庭公约，就是跟孩子有一个美丽的约定。"

制定家庭公约时要注意以下几点：

• 约定中要写明父母与孩子的权利和义务，而不是父母单方面对孩子提出要求。

• 为了防止孩子对"家庭公约"产生误解，在制定"公约"之前，父母一定要与孩子进行沟通（全家人的沟通），让孩子感受到平等的氛围，意识到"家庭公约"不是父母管自己的工具，而是全家人都要履行的规则。

• 使用积极的语言，也就是"要怎么样"而非"不要怎么样"，否则孩子会抵触。

• "家庭公约"的条数不要过多，用孩子的年龄减去 1（或 2）即可，比如孩子 4 岁，"公约"就设定为 3 条或 2 条。否则孩子很难遵守。

• 让孩子明白，如果他遵守"家庭公约"，就可以获得某些权利；如果违反"家庭公约"，他就会失去某些权利。

• "家庭公约"不是一成不变的，当某条"公约"已经形成习惯，便可以更换。

• 写上执行人、监督人。

为了配合"家庭公约"的实施，父母还可以制作一张"家庭荣誉榜"（见表 1-3），以星期为阶段，将家庭成员遵守"公约"的情况每天罗列下来，并按照执行情况及时给予奖惩。

"家庭公约"要想有效，首先贵在坚持；只有这样，父母和孩子才能形成良好的习惯。

其次要循序渐进，遵循从简单到复杂、从局部到整体的原则，不要一开始就对孩子提特别多的要求。我在一开始做的时候，希望孩子

表 1-3　家庭荣誉榜

星期一	星期二	星期三	星期四
星期五	星期六	星期日	

把所列条目一下子都做到，后来发现这样做效果并不好，于是我改变策略，最初只定一两条，完成一条打一个"√"，再给朵小红花，让孩子每天都能获得成就感，结果效果非常明显。

再次，注重过程评价，而不仅仅关注结果。对孩子的每一个进步都要做到有效点评，而不是只是夸他"你真棒""你真不错""你有进步"。

最后，和孩子一起将每天要做的事制成日程表，约定哪段时间该做哪件事。

挖掘孩子的智能潜质，因材施教

孩子的原始智慧就像一棵树的树干，父母只有通过学习和自我提升，在孩子生命早期让智慧之树充分生长，树干才能高大粗壮，否则，智慧之树会早早分杈！

性格不一样，教养大不同

每个孩子的性格都是不同的，各有各的特点，各有各的长处，各有各的不足。父母需要从本质上认识孩子的性格，无条件地接纳他的全部，全身心地帮助他认识自己，进而爱他自己、做他自己，让孩子自发地学习，成就最优秀的自己，拥有最成功的人生。

性格是指表现在人对现实的态度和相应的行为方式中的比较稳定的具有核心意义的个性心理特征，是一种与社会关系最密切的人格特征。与天性不同，性格是后天形成的。

每个孩子的性格都是不同的，各有各的特点，各有各的长处，各有各的不足。父母需要从本质上认识孩子的性格，无条件地接纳他的全部，全身心地帮助他认识自己，进而爱他自己、做他自己，让孩子自发地学习，成就最优秀的自己，拥有最成功的人生。

四种性格类型

虽然目前对性格的分类有很多种，但依照思维方式（感性 & 理性）和情感表达方式（外向 & 内向）的不同，大致上可分为四种基本类型（见图 2-1）。父母需要了解自己的孩子属于哪种类型，再针对其中某些缺点进行补救。

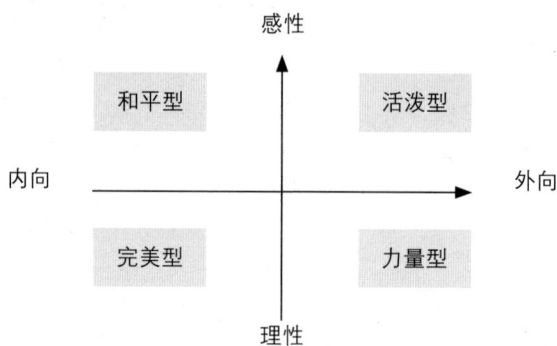

图 2-1　四种基本性格类型

活泼型

活泼型的孩子聪明好动、热情开朗、满脑子都是创意、好奇心强、爱说爱笑、喜欢表现自己，缺点是不拘小节，容易"疯过头"，且以自我为中心。

对于这类孩子，父母要鼓励他们去做自己喜欢做的事，但绝不能纵容，此外还要培养他们的自律能力。

力量型

力量型的孩子意志坚强、精力充沛、勇敢果断、善于指挥、有冒险精神、追求挑战与变化、控制欲望强烈、具有领导天赋。

对于这类孩子，父母要尊重他们内心对公平、公正的强烈需求，为他们提供发挥潜能的环境；让他们忙碌起来并承担一些责任，满足他们追求成就的渴望。

完美型

完美型的孩子智慧聪明、自我要求高、自觉性强，但因为太追求完美，很难面对失败。

对于这类孩子，父母要时刻关注其内心需求，给予其充分的安全感。

和平型

和平型的孩子平静随和，喜欢自娱自乐，不需要父母刻意关照，缺点是墨守成规、不喜欢改变、被动、没有主见、不会拒绝他人。

对这类孩子，父母要多鼓励他们勇于尝试，多与他们玩心理挑战类游戏，激发他的热情；与他们交流时要心平气和，不要给他们施加压力，多让他们自己做选择、拿主意。

性格是可以改变的

性格虽然受遗传因素的影响，但更多的是受家庭、教育及环境等后天因素的影响。所以，如果以上三个条件发生改变，那么人的性格是可以改变的。

家庭是人出生后最初的教育场所，并为人的性格打上最初的烙印。

所以，父母的性格、教育态度及教育方式、孩子在家庭中所处的位置以及所扮演的角色等，对孩子性格的最终形成具有非常重要的影响。

父母的性格

心理遗传学家在收集、分析了大量数据后认为，人的性格一半来自遗传，一半来自后天。遗传是影响孩子性格的先天因素，当人们在评价某个人的性格时说"××像他父亲一样脾气暴躁"或者"××像她母亲一样多愁善感"时，就说明性格是可以遗传的。

在后天因素中，父母的性格也起到非常重要的作用。因为孩子来到世界上后，接触最多的是自己的父母，故而父母的举止谈吐、音容笑貌都会给孩子的性格发展打下深深的烙印。在父母行为的耳濡目染下，孩子的性格与父母的性格相似就不足为奇了。

父母的教育态度及教育方式

许多心理学家就父母的教育态度及教育方式对子女性格的影响进行了研究，其结果表明，父母的教育态度和教育方式不同，孩子的性格特点会出现明显差异（见表 2-1）。

表 2-1　父母教育态度及教育方式对孩子性格的影响

父母的教育态度及教育方式	孩子的性格
溺爱、百依百顺	任性，骄傲，利己主义，缺乏独立精神，情绪不稳定
支配、命令	依赖性、服从性强，消极
过度保护	缺乏社会性，任性，依赖，被动，胆怯，沉默

（续表）

父母的教育态度 及教育方式	孩子的性格
过于严厉	顽固，冷酷，独立；或怯懦，缺乏自信心、自尊心，盲从，不诚实
对孩子实行民主教育	独立，有协作精神，社交能力强，对人亲切，有毅力和创造精神，直爽，大胆，机灵
忽视孩子的教育	妒忌心强，创造力差，情绪波动大，甚至厌世轻生
教育意见有分歧	易生气，警惕性高；或两面讨好，好说谎，投机取巧

从上表可知，如果父母改变教育理念及教育方式，孩子的性格是可以发生改变的。

灿灿的一个小伙伴小C非常有人缘，每次班级评优，他的票数都位于前列。而且小C也很爱表现，非常喜欢参加班级或学校组织的各种活动。从以上表现可以看出，小C的性格属于活泼型。

有一次，我碰到他妈妈，就问她是怎么培养小C的。结果他妈妈的回答让我大吃一惊。由于小C的父母忙于做生意，疏忽了对他的照顾，导致小C特别自卑、内向。等小C的父母发现这一点，小C已经到了上幼儿园的年龄。

为了改变小C，他妈妈主动跟幼儿园老师沟通，希望老师能多关注小 C，帮助孩子弥补性格缺陷。在老师的帮助下，小 C 的性格逐渐开朗起来。此外，小 C 的爸爸给他报了一个儿童表演培训班，还经常带他去少年宫参加活动。经过老师和父母的共同努力，等小 C 幼儿园毕业时，性格发生了很大的变化，展现出了他现在的性格特点。

孩子在家庭中的地位及角色

有研究表明，在家庭中越受重视的孩子，其性格越倾向自信、独立。如果地位发生了变化，其原来的性格特征也往往会产生不同程度的变化。

由以上影响性格的后天因素可知，孩子的性格是可以改变的。所以，要想改变孩子的性格缺陷，除了孩子自己需要做出努力，父母也要做出努力。为此，父母首先应该认识孩子的性格，再从改善自我性格、调整教育理念及教育方式、改变孩子在家中的地位及角色等方面入手，帮助孩子改掉性格缺陷，实现性格优势最大化。

用多元智能开启孩子的成长密码

每个孩子都具备自己独特的智能潜质，关键是如何最大限度地挖掘将这些潜在资源。家庭教育的目的正在于此。

每个孩子都有自己的优势智能

美国哈佛大学教育研究院的心理发展学家霍华德·加德纳在 20 世纪 80 年代提出了多元智能理论。他认为，每个人一出生便拥有八项独特的智能，即语言智能、音乐智能、空间智能、数学逻辑智能、运动智能、自然观察智能、内省智能和人际交往智能（见图 2-2）。

该理论还指出，0～7 岁是幼儿各个智能发育的关键期。在这一阶段，孩子的智能能否得到全面均衡的发展，直接关系到孩子的一生。

虽然每个人都有以上八种智能，但每种智能的先天潜质并不相同，可能其中一种智能很好，另一种却很差，很少有人样样突出。

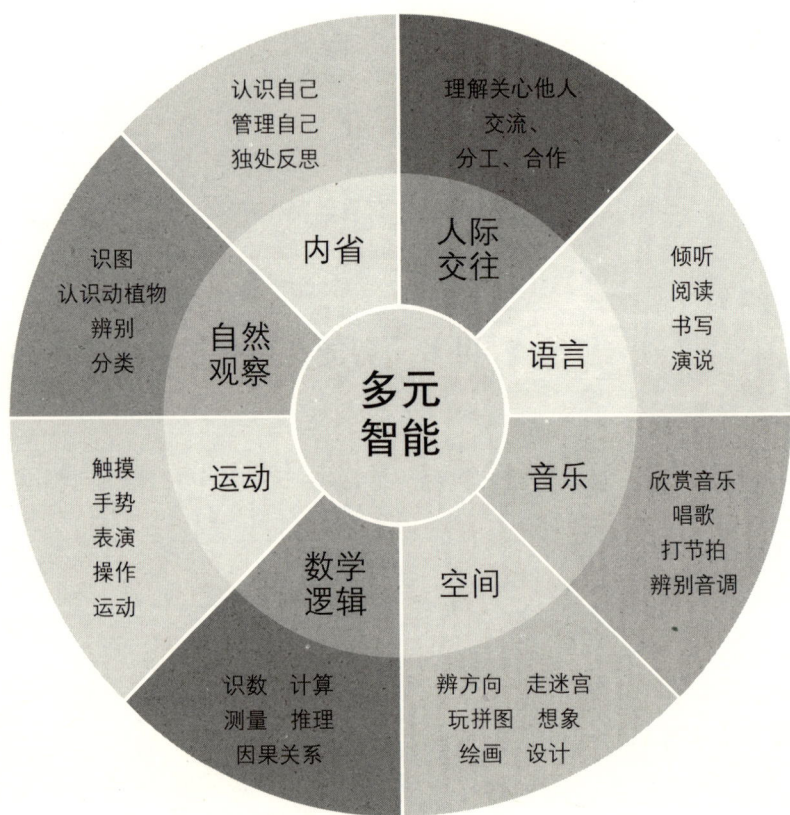

图 2-2　人的八种智能

所以，父母应该了解自己的孩子在哪些智能上有突出优势，哪些处于劣势，从而做到扬长避短，为孩子寻找最适合的职业发展方向（见表2-2）。

父母需要抓住0～7岁这个智能发育的关键期，从意识、好奇心、专注力、主动性等方面发现孩子的优势智能和劣势智能，并采用有效方法，使孩子的优势智能更加突出，劣势智能尽可能地获得提高，从而把孩子培养成富有个性、适应未来社会发展的人。

表2-2　八种智能的表现及职业发展方向

智能类型	表现	职业发展方向
人际交往智能	善于察觉他人的情绪、情感，体会他人的感觉、感受，能够辨别不同人际关系的暗示，并对这些暗示做出适当反应	政治家、外交家、领导者、心理咨询师、公关人员、推销员、行政人员等
语言智能	能够灵活掌握语音、语义、语法，具备言语思维能力、言语表达能力，以及欣赏语言深层内涵的能力	政治活动家、主持人、律师、演说家、编辑、作家、记者及教师等
音乐智能	对节奏、音调、旋律或音色的敏感性强，具有较高的表演、创作及思考音乐的能力	歌唱家、作曲家、指挥家、音乐评论家、调琴师等
空间智能	能准确感知视觉空间及周周一切事物，并且能够把所感觉到的形象以图画的形式表现出来	室内设计师、建筑师、摄影师、画家、飞行员等
数学逻辑智能	能有效地计算、测量、推理、归纳、分类，并进行复杂的数学运算	科学家、会计师、统计学家、工程师、电脑软件研发人员等
运动智能	善于运用整个身体来表达思想和情感，灵巧地运用双手制作或操作物体	运动员、演员、舞蹈家、外科医生、宝石匠、机械师等
自然观察智能	善于观察自然界中的各种事物，善于对物体进行辨别和分类。好奇心、求知欲强烈，观察能力敏锐，能了解各种事物的细微差别	天文学家、生物学家、地质学家、考古学家、环境设计师等
内省智能	能够认识自己的长处和短处，意识到自己的内在爱好、情绪、意向、脾气和自尊，喜欢独立思考	哲学家、政治家、思想家、心理学家等

挖掘孩子的智能潜质

每个孩子都具备自己独特的智能潜质（见表2-3），关键是如何最大限度地挖掘这些潜在资源。家庭教育的目的正在于此。

表2-3　孩子的智能潜质类型及表现

潜质类型	具体表现
敏捷记忆潜质	常常表现为无论看到或听到何种类型的大量信息，都能快速、准确地记忆下来，并复述给其他人
细节观察潜质	在观察事物的时候，常常能注意到其他孩子没有注意到的细节，发现对事物判断有意义而又不易被人注意的重要特征，并且有自己独特的观察方法
好奇探究潜质	常常发问，而且思维并不停留于成人给出的答案，喜欢自己去探究一番，了解更多的细节
领袖交际潜质	常常感情丰富，对他人的情感敏感，知识面广，具有同情心和同理心，在与同龄人的交际活动中能领导其他人，并赢得他们的信任
艺术表现潜质	常常表现出对色彩、形状、立体造型或舞蹈、音乐、乐器等方面独特的领悟能力和超出同龄人的欣赏水平，并且有很好的表现力
运动技能潜质	常常在奔跑速度、身体平衡、灵活弹跳、力量协调、器械掌握等方面表现出超出同龄人的素质

父母都渴望孩子拥有一种甚至几种智能优势，但由于父母已经习惯于用成绩衡量孩子是否聪明，导致孩子的一些优点被当作缺点

对待。

比如，有的孩子喜欢发号施令，善于重新排列物品，能够有条不紊地在学校负责给全班同学排座位。这样的孩子很有可能具备强有力的领导和组织才能。

有些孩子在得到零用钱后不是一口气花掉，而是积攒起来，留到假期使用。这样的孩子长大后很可能成为企业家。

有些孩子总是充满好奇，有时甚至不厌其烦地问问题。如果他们的这种特性能够得到家长的培养和重视，则极有可能成为记者，或探索宇宙的航天员。

有些孩子非常喜欢搭积木，如果让他们独自待一会儿，他们就能够用积木搭建出一座非常复杂漂亮的建筑模型。具有这种才能的孩子是设计天才。

有些孩子想象力丰富，喜欢讲故事和写故事。如果父母不是将孩子视作话痨，而是好好培养，他们很可能成为非常有名的作家。

有些孩子喜欢同人讲话，甚至在上课时也和同学窃窃私语。这种孩子通常会被老师视作不遵守纪律的坏孩子而遭到老师的训斥。父母不要急于和老师站在一边，而是要从积极的角度看待孩子的这类行为——他们有着特殊的演讲才能，若加以正确培养，他可能会成为律师或电视主播。

将孩子培养成"T"型人才

以前，人们对人才的理解很狭隘，只要他在某方面的才能很突出就可以称为人才。而现在，提倡的是"T型人才"观，即一个人必须有非常广博的知识面，同时又要有较深的专业知识。

此外，现代社会对人才的要求更加强调实用性、适应性和全面性。因此，父母在培养孩子时，不但要帮助他掌握必要的书本知识，还要让他在实践中培养解决问题的实际能力；不但要让孩子具有健康的人格，还要培养孩子具有良好的团队精神以及对工作精益求精的态度。

聪明的孩子是培养出来的

虽然智力会受到先天遗传因素的影响，但遗传因素只是为智力发展提供了基础。因此，父母还必须对影响智力发展的后天因素给予充分的重视。

提升孩子智力的四大法宝

饮食均衡

饮食营养与孩子的智力发展是有很大关系的。有人曾经对某些孩子进行随访观察，发现在出生后 6 个月内，营养不良的孩子不仅体重没有增长或者增长速度缓慢，智力与动作发展也落后于平均水平。即使之后提高了孩子的营养水平，也只能使体重达到正常水平，运动与智力的落后却始终无法弥补。

所以，当孩子能够吃辅食以后，父母就应该时刻关注孩子的饮食均衡问题，不要让孩子养成偏食的习惯；不要自以为是地认为孩子小，有些食物他现在不吃，等长大了自然就会吃。这种思想只会让孩子愈加挑食，等长大了再来纠正，只会更加困难。

多给孩子一点"颜色"

由于颜色是最容易分辨物品的，所以在早期教育中，颜色教育对孩子的辨别力、欣赏力、对美的感受力，以及想象力、绘画能力的发展都是极有帮助的，能极大地提高孩子的观察能力，帮助其养成观察的习惯，所以父母要多给孩子一点"颜色"。

心理学家经研究发现，在黄、橙、浅蓝、浅绿等色彩环境下成长的幼儿智商较高，所以父母可以在布置孩子的房间时，多用这四种颜色。

除了为孩子营造有颜色的环境，父母还可以让孩子从小练习绘画。心理学家通过大量实验证明，儿童通过早期绘画所获得的知识与经验，可以使智商提高30%。

每个孩子都有画画的天赋，拥有创造和表现的欲望。比如我从小就有当画家的梦想，而我的两个孩子——灿灿和顶顶都酷爱画画，灿灿还喜欢自己创作绘本。

灿灿所在学校的李校长说得特别好，"画画需要孩子的兴趣，以及持续的热情，长期坚持一定有成绩"。为了让灿灿更热爱画画，我能做的，就是不断地表扬她，为她提供更大的空间，为她创造展示自己的机会。结果灿灿不负众望，所画作品获得了不少荣誉，成为班级里名副其实的"小画家"。

音乐让孩子舞动起来

每个孩子都有音乐敏感度，只是强弱不同而已。我的两个孩子和

顶顶在画画

灿灿在讲解自己的绘画作品

我妹妹的孩子都很喜欢音乐，只要音乐一响，他们的小屁股就会扭起来。

顶顶今年 4 岁了，我发现我在给他放儿歌的时候，他会自动跟着唱。当我意识到他对音乐非常感兴趣后，就会在不太忙的时候给他放一些古典音乐，或是一些有益于心智的儿童音乐。

锻炼孩子的音乐智能，除了让孩子多听音乐，父母还可以让孩子选择学习一两样乐器。这对孩子生理和心理的发展是很有帮助的。

越运动越聪明

运动是孩子的基本需要。

第一，运动能赋予孩子健康的身体，全面提高孩子的身体素质并强化骨骼、血管和关节。

第二，运动可促进孩子的大脑发育，增多大脑毛细血管数量，促进大脑神经元之间建立永久链接，提高孩子身体调节、平衡、反应、灵敏度、运动技巧以及大小肌肉发育的水平。

第三，运动有助于提高孩子的心理健康水平，使儿童内心更有自信、行动上独立自主、做事情更有效率。

第四，运动有助于锻炼孩子的意志力。孩子为了完成一些动作，有时需要付出很大努力，克服各种困难，这对其意志力是很好的锻炼。

第五，适当的运动对孩子的人际关系发展有很大帮助。通过运动，孩子将逐渐养成与人合作的习惯和遵守规则的行为，更有社交能力、更受同伴欢迎，未来更善于处理人际关系。

顶顶不到4岁就能很熟练地骑儿童自行车了。每当他骑着自行车在小区玩耍时，总是会有路过的叔叔阿姨、爷爷奶奶夸奖他，所以他特别有成就感，也特别自信。顶顶4岁开始学轮滑，不久就滑得很好了。

尽管运动有如此多的好处，但总有些父母出于对危险的极度恐惧，不敢放手让孩子活动。我记得灿灿两岁的时候，有一次我带她玩一个比较陡的滑梯。她玩得很顺溜，但一个和她一样大的男孩却站在一边不敢玩。我一问才知道，男孩的妈妈特别"呵护"孩子，从小就不让孩子玩稍有危险的运动。

因为怕出危险而不让孩子自由玩耍，是因噎废食的表现。放手，是家庭教育最重要的一关。如果父母永远不放手，孩子将永远不能独立。当然，放手要建立在安全之上。对此，父母要对孩子即将进行的运动进行充分的安全评估，并给予足够的安全保障。

重视孩子非智力因素的培养

非智力因素也会影响孩子的智力发展。如果父母忽视了孩子非智力因素的培养，会对孩子的成长造成不良影响。

非智力因素是相对智力因素来说的，一般是指不直接参与认识过程，但与孩子的智力发展密切相关的心理因素。具体地说，非智力因素主要是指兴趣、情感、意志和性格等。

兴趣

孩子一出生，就会本能地对这个世界表现出强烈的好奇心和探索欲望，但每个孩子的兴趣点往往是不同的，所以父母需要为孩子尽可能多地创造机会接触各种事物。只有通过一次次的尝试，孩子才能找到成就感的来源，清楚自己的兴趣和特长所在。

在培养孩子的兴趣时，父母很容易出现两种偏差：

第一，越俎代庖，将兴趣强加给孩子。比如在给孩子报兴趣班时，父母不是以孩子的兴趣为考量，而是随波逐流，觉得别人的孩子都学了，自己的孩子也不能落下。这样做的结果只能是事与愿违，孩子、父母都很累。

对此，我的建议是，父母给孩子报兴趣班时，一定要提前让孩子感受一下环境和气氛。比如，你想让孩子学钢琴，就让他去看看别的孩子是怎样弹钢琴的，或者带他去听音乐会，感受一下音乐会的氛围；你想让孩子学画画，可以带他去看看画展。总之，只有先让孩子体验一下，才能够判断他对这件事情是否感兴趣。

第二，给孩子报了他喜欢的兴趣班，但没过多久孩子就想放弃，父母由于心疼已经花了的钱，便强迫孩子继续学习。

如果孩子不想继续学了，父母要搞清楚孩子为什么想放弃。如果是孩子的兴趣点转移了，父母要尊重孩子的意愿；如果是孩子遇到困难退缩了，父母的正确做法是让孩子树立阶段性目标，再让他一步一步地实现这些目标，这样他的兴趣才会持续。

　　灿灿 3 岁多的时候我给她报了一个钢琴班。当时我觉得女孩子学学钢琴能培养气质，而且指导老师是从香港学成归来的，修养和专业水平都不错，却唯独没有考虑孩子的感受。其实当时孩子还太小，根本不适合学钢琴，再加上来到北京这个新的环境，又换了老师，孩子对钢琴的兴趣比过去差了很多。

　　当时我刚好看了郎朗的爸爸写的《我和郎朗 30 年》那本书，这才意识到，只有当孩子真的对弹钢琴特别感兴趣，父母的坚持才有价值。如果孩子不是非常喜爱钢琴，那么学习的过程将会非常痛苦。于是我彻底放弃了让灿灿学钢琴的想法。

性格

　　人的性格虽然受遗传因素的影响，但后天的教育也很关键，甚至对性格的形成起着决定性作用。我的妹妹和妹夫都是法学博士，性格严谨，但妹妹比较有教育智慧，允许他们的女儿蓉蓉充分展示自我，所以蓉蓉的性格比较大方。每次灿灿、顶顶和蓉蓉三个孩子在一起玩时，蓉蓉虽然年龄最小，但是为人最热情，最喜欢与人交流。

情感

　　情绪是情感的直接体现。如果一个人能把自己的情绪管理好，那么他就能保持积极向上、乐观开朗的心态，人际关系也就会越来越好。如果父母能够给孩子营造轻松和谐、充满爱的家庭环境，帮助其管理情绪，孩子的内心就会富足，情商就会很高。

意志

所谓意志，就是克制自己的欲望，去做自己不喜欢但又必须做的事。在决定结果的因素当中，意志比天资更重要，所以父母要重视对孩子意志的培养。

前文说过，孩子对某件事物的兴趣可能会随着好奇心的消失而减弱。所以，在孩子初次接触某一事物时，父母既不要强迫孩子立即接受，也不要让孩子轻易放弃，而是要给孩子一段较长的探索期。如果孩子同意继续学习，父母就必须帮助孩子坚持下去。

灿灿在正式学芭蕾之前，我先带她上了几次试听课。在经过一段时间的探索之后，我问她："你有兴趣吗？想不想继续学？如果你想学，妈妈就给你报名；如果你觉得这件事情有难度，不愿意坚持，也不是你喜欢的，那我们就不报了。"结果灿灿表示虽然学习芭蕾有难度，但自己愿意坚持下去。于是我就给她报了名。

学习任何事物都不可能永远令人快乐。在孩子遇到困难或因学习枯燥想放弃时，父母要想一想为什么，而不是一味地打骂孩子。

孩子为什么不愿意坚持？最重要的原因是自己的努力没有获得父

母的认同。如果孩子付出努力，换来的是一次又一次的奖励，他自然会对学习产生兴趣。灿灿之所以对画画如此热爱，就是因为她的努力换来了父母及老师的肯定，得到了很多荣誉，她在画画的过程中获得了极大的成就感。

父母除了及时对孩子的努力给予奖励，还要随时随地注意磨炼孩子的意志，鼓励孩子克服困难，实现目标。比如，父母可以对孩子说："假如目标在 10 千米外的某个地方，现在你走了 5 千米，感觉很累，想回头，那么你刚才完成的 5 千米就只能算白白浪费力气。不如歇一歇，也许过一会儿你就觉得身体又有力气了，到那时咱们再接着走。"这样一来，孩子就会有信心坚持下去了。

抓住孩子的成长敏感期，有的放矢

只有在最重要、最适当的时间段，进行合理、科学的教育培养，孩子的天赋才能发展成为真正的能力。反之，错过了孩子的成长敏感期，即使事后付出再多的努力，也可能收效甚微。

在对的时间做对的事

大脑的构建、发育有自己的时间表。如果父母能够遵循孩子成长的时间表，在各个敏感期给予最好、最丰富、最有效的刺激，那么孩子就能通过富有弹性的神经系统，如同摄像机一样将看到的、听见的、接触过的东西记录下来。

孩子的成长是有敏感期的

一粒种子什么时候发芽、什么时候开花、什么时候结果，是受时节影响的，而孩子的成长也是如此，是有其内在机制的。

我们经常听人说孩子还小，等上了小学再重视学习也不迟。这样想就大错特错了。

人在出生之前，脑中的 1000 亿个神经元几乎都准备好了，而神经元之间的连接网络则是十分稀疏的。但随着外界刺激的不断增加，新的网络也在不断增加，等到 3 岁时，神经元网络已经发展得非常繁密（见图 3-1），孩子的各项能力也得到迅速提高。反过来说，要想让孩子的天赋最大限度地得到开发，就需要让孩子多玩、多看、多感受、多体验，以刺激神经元网络的发展。

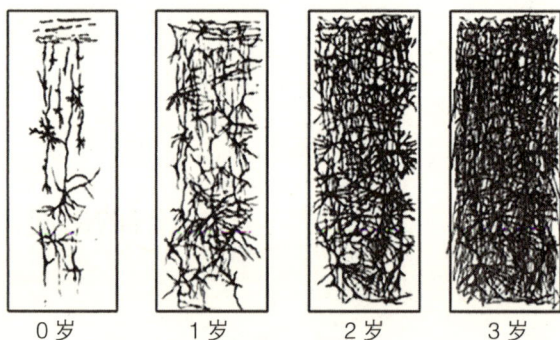

图 3-1　0 ～ 3 岁神经元网络增长图

　　天赋的培养是有时效性的，科学家把错过了就无法弥补的阶段称为"天赋时效窗"，教育界称之为"敏感期"。只有在最重要、最适当的时间段进行合理、科学的教育培养，孩子的天赋才能发展成为真正的能力。反之，错过了孩子的成长敏感期，即使事后付出再多的努力，也可能收效甚微。

　　在 20 世纪 20 年代，印度曾发现了两个被狼抚养的小女孩，其中大的有七八岁，被取名为卡马拉。由于多年与狼生活在一起，卡马拉错过了学习语言、行走、运动等敏感期，所以她不会走，也不会用手拿东西，只会爬。她的习性是白天潜伏，夜间活动，还会发出狼一样的号叫。人们努力教育她去掉狼性，恢复人性，但收效甚微：一个简单的站立她学了 2 年，学会走路用了 6 年时间。当她 16 岁去世时，只学会了 45 个词，勉强学会了几句话，智力仅相当于三四岁的孩子。

卡马拉在最需要学习的阶段与狼为伍，结果到死也没有融入人类社会。相反，如果人类在幼年时获得了各种能力，这些能力就会像印刻在脑子里一样，即使因条件不允许而一时无法使用，但只要遇到合适的环境，很快就能发挥作用。

日本人横井庄一在第二次世界大战日本战败后逃进深山，穴居长达 27 年之久，1972 年才被人发现。当时曾有人断言，他再也不能过人类的生活了，但事实是只经过短短 82 天的治疗，横井庄一就完全恢复和适应了人类生活，并在当年结了婚。

大脑的构建、发育有自己的时间表。如果父母能够遵循孩子成长的时间表，在各个敏感期给予最好、最丰富、最有效的刺激，那么孩子就能通过富有弹性的神经系统，如同摄像机一样将看到的、听见的、接触过的东西记录下来。

很多忙于工作或事业的父母，由于不懂敏感期的重要性，往往在孩子最需要关注的时候忙于事业打拼，等错过了孩子成长的敏感期，当孩子出现各种问题时，再来解决就非常困难了。

有一次我坐出租车，驾驶员是位女性。

我问她："你每天开出租车，是不是很少有时间陪孩子？"

她说："是，所以我一下班就赶回家陪孩子。"

我说："你孩子多大了？"

她说："已经上六年级了。"

我说："孩子的学习不错吧？"

她说："一说起孩子的学习我就头疼。孩子有多动症，等发现的时候已经有些迟了。我们带他去医院治疗了很长时间，但效果也不是特别好。上了小学之后，由于孩子总是上课捣乱，我经常被老师找去挨训。由于坐不住、注意力总是不能长时间地集中，孩子的成绩也不好。为此我经常带着孩子去补课。到目前为止，仅补课一项就已经花了十几万元，可孩子的成绩还是上不去。现在孩子的班主任、任课老师已经对他没有要求了；我作为父母，自认已经竭尽全力了。孩子以后会怎么样，我真的不敢想。"

孩子必经的敏感期

孩子必经的敏感期（见表 3-1）有很多，如口语敏感期、感官敏感期、动作敏感期、对细微事物感兴趣的敏感期、秩序敏感期、婚姻敏感期、想象力发展敏感期、社会规范敏感期、识字敏感期、文化敏感期、书写敏感期、阅读敏感期以及独立敏感期。每个敏感期的出现时间都是不同的，父母要熟记，并在某一敏感期出现时对孩子加紧训练。

表 3-1 孩子必经的敏感期

敏感期类型	年龄段
口语敏感期	0～3 岁
感官敏感期	0～6 岁
动作敏感期	0～6 岁
对细微事物感兴趣的敏感期	1.5～4 岁
秩序敏感期	2～4 岁
婚姻敏感期	2～4 岁
想象力发展敏感期	2～8 岁
社会规范敏感期	2.5～6 岁
识字敏感期	3～6 岁
文化敏感期	3～9 岁
书写敏感期	3.5～5.5 岁
阅读敏感期	4.5～5.5 岁
独立敏感区	12～15 岁

口语敏感期

婴儿开始注视大人说话的嘴形并发出咿咿呀呀的声音时，他的语言敏感期就到来了。1～2岁是宝宝语言发展最为迅速的时期，孩子从简单的一个词到说出完整的句子，往往只需经历短短几个月。3～4岁的孩子特别爱说话，喜欢问"为什么"，口语逐渐丰富起来，逐步形成语言逻辑。

在口语敏感期，孩子会模仿口语，练习口语，感觉语言的音韵，不断重复使用语言。在这一时期，父母要多和孩子说话，多用"为什么"来反问孩子，以锻炼孩子的表达能力。

灿灿有个小伙伴小D，他的妈妈是一名钢琴老师。小D长到2岁了还不会说话，家人怀疑他是不是声带有问题，就带着孩子去医院检查。结果医生说小D的发声器官没问题，建议其家人多跟孩子说话。于是小D的妈妈每天都坚持用她那美丽动听的声音跟孩子说话，经常带他出去接触大自然，接触家人以外的其他人。

灿灿2岁时，我打算让她上幼儿园。小D的妈妈听说后，觉得幼儿园能够给孩子提供更好的语言环境，也想让小D上幼儿园。一开始其他家里人觉得孩子年纪小，又不会说话，不适合上幼儿园，但在小D妈妈的坚持下，孩子最终还是上了幼儿园。结果只过了两三个月，小D就会叫妈妈了。

很多父母没有小 D 妈妈的耐心和爱心，又不懂得敏感期的重要性，导致他们宁愿花钱给孩子买昂贵的玩具，也不愿意多陪孩子说说话。当孩子跟他们讲话时，他们往往显得不耐烦，只是简单地跟孩子说几句就迫不及待地把孩子打发走。

灿灿小时候，我的工作很忙，除了给她喂奶，其他事都甩给保姆。我曾经给灿灿找过好几个保姆，其中有一个保姆给我留下了深刻印象——她从上班的第一天起，就会边做事边跟灿灿说话。当时我不知道敏感期是什么，还觉得孩子又听不懂，这个保姆怎么这么多话。后来一想，其实人家这么做是对的。

孩子的口头表达能力是需要要训练的，以下三种方法，父母可以尝试。

• 情境谈话法。利用日常生活中的常见物品，多跟孩子交流。需要注意的是，父母在与孩子交谈时，一定要注意使用文明的、规范的、准确的、富有美感的语言。

小 E 是我在一次演讲中认识的朋友，她的孩子正好和灿灿在一个幼儿园，只是比灿灿高一年级。有一次我们俩一起去接孩子，从幼儿园出来后，她对我说："我发现你现在还跟你家孩子说叠词、儿语啊，这样不对。"当时我很不解，觉得跟孩子交流时使用"乖乖地""慢慢地"之类的词没问题。但当我走上家庭教育这条专业之路后，我才知道，不管孩子多小，父母与孩子交流时都尽量不要使用儿语，而应使用标准的、正式的表达。

· 多与孩子做语言类游戏，如教孩子背儿歌、说绕口令。

· 多让孩子讲故事、做演讲。

世界上许多杰出的文学家，如托尔斯泰、歌德、鲁迅、郭沫若等，从小就与故事结下了不解之缘。研究也证明，故事对孩子的感知力、注意力、记忆力、逻辑思考力、想象力的培养，以及个性品质的形成有很重要的作用。所以父母要创造更多的机会让孩子讲故事、做演讲。

在这方面我一直都非常用心，所以我的两个孩子的语言表达能力都很不错。现在灿灿会主动给顶顶讲故事，我们也经常鼓励顶顶给灿灿讲故事。

灿灿上小学一年级时，学校组织了"国旗下讲话"等很多演讲活动，我就鼓励灿灿经常参加，并且特意在朋友圈晒孩子演讲时的照片。由于孩子已经有了很好的语言表达能力，又不怯场，现场表现得很不错，于是朋友们纷纷跟帖，夸赞灿灿"有妈妈的范儿，气质体现得很好"。

感官敏感期

感官是感受外界事物刺激的器官，包括眼、耳、鼻、舌、身等。

虽然孩子从出生后就会借着视觉、听觉、嗅觉、味觉、触觉等来熟悉环境、了解事物，但各个感知器官的敏感期还是有所不同：胎儿时期听觉的发展就开始了；0～0.5岁是婴儿视觉发展的敏感期；0～2岁是触觉发展的敏感期；3岁左右是方位知觉发展的敏感期；2.5～3岁是大小知觉发展的敏感期；3～6岁是观察力发展的敏感期。

总之，3岁前，孩子通过潜意识的"吸收性心智"认识周围事物；3～6岁时，则能通过感官分析、判断周围事物。

父母可以在家中准备多样的感官教材，或在生活中随机引导孩子运用感官感受周围事物。

动作敏感期

孩子从出生后就进入了动作敏感期，当妈妈把手指放到婴儿的小手心里，他立即会抓住不放；若是将某个东西靠近他的嘴角，他会迅速地吸吮：这些都是孩子处在动作敏感期的体现。

3岁前是孩子的行走敏感期，这一时期也被称为孩子的"第二次降生"。只要孩子的身体准备好了，父母就应该尽量早些让孩子学会走路。孩子学会走路以后，还可以进行跳绳、攀登、投掷、单脚跳、走跑交替等运动，以锻炼孩子的大肌肉动作。此外，父母还要注意锻

灿灿、顶顶、蓉蓉正在装饰自己的蛋糕

炼孩子的小肌肉动作，提高孩子手眼协调能力，如让孩子多玩穿木珠、捡黄豆等游戏。这样做，不仅能很好地培养孩子形成良好的生活习惯，也能帮助其获得智力的发展。

当孩子到了三四岁时，出于好奇和好动的本能，开始对一些手工工具和材料感兴趣，开始喜欢用剪刀剪纸张、玩贴画，并且为书上的图形涂抹上不同的颜色。这是孩子学习手工的开始，父母不要觉得孩子淘气，更不要禁止孩子的剪贴和涂抹行为，而应该鼓励孩子大胆去做，从而锻炼孩子的创造能力。

当孩子五六岁时，其大脑功能会不断趋向成熟，小手的肌肉也得到了进一步的发育，所以他的剪、贴、涂等技能也会逐步提高，并开始喜欢玩一些难度较高的折纸游戏，如折千纸鹤、飞机、花篮等。

父母可以为孩子多准备一些手工工具和材料，如白纸、彩纸、剪刀、彩笔、橡皮泥等，让孩子尽情去发挥自己的创造力。

当然，父母不仅要和孩子分享"创造"的快乐，还要对孩子"破坏性"的创造行为予以正确引导，要让孩子明白，当创造能给他人带来好处时，这种创造才是有价值的。

对细微事物感兴趣的敏感期

一般来讲，在1岁半到2岁左右，孩子开始进入关注细小事物的敏感期，并一直持续到4岁。在这一阶段，孩子经常会对一些很小的东西，比如蚂蚁、小石子、线头、小纸屑等东西很是关注。

在这个时期，妈妈不要用成人的眼光去看待孩子的行为，要允许孩子进行这些观察，并通过适当的引导保护他的观察兴趣。

秩序敏感期

2～4岁的孩子进入秩序敏感期。在这一时期，孩子对秩序的敏感体现在对顺序性、生活习惯、所有物的要求上。对于正处在秩序敏感期的孩子来说，只要物品离开了它们应该在的位置，他就会很快发现，并且要求把物品回归原位。

顶顶3岁时，我发现他变得跟以前很不一样。每当我和先生把某样东西随手放置时，他就会说："你不要把这个东西乱放，我在整理呢。"他会把茶几上以及他能够得着的地方整理得很整齐，而且会把一家人的鞋子按顺序摆好。

....

秩序敏感期是孩子成长过程中难以逾越甚至不以他们的意志为转移的阶段。孩子之所以对秩序有要求，是因为他需要通过一个有秩序的环境帮助自己认识事物、熟悉环境，一旦他熟悉的环境消失，他就会无所适从。

面对孩子在这一时期出现的种种看似不可理喻的行为，父母要试着了解孩子行为背后的原因。如果孩子产生的是合理的或非原则性的需求，父母就要接纳孩子的情绪并尽量满足他们在秩序敏感期的有序愿望，比如家里的日常用品要摆放有序，每次使用后一定要注意及时归位。孩子的东西更要注重摆放有序，父母不要随便更改它们的位置。父母尽量不要对孩子居住的环境做太大的改变，频繁地为孩子更换床铺、居室、生活环境等。此外，父母还可以在日常生活中设置一系列做事程序，比如吃饭这件事就可以分解成洗手、擦手、端饭菜、吃饭等环节。再比如，要求孩子玩完玩具后将物品归于原位。这样做不仅能让孩子养成整洁有序的习惯，还能使孩子获得更完善的成长空间。

婚姻敏感期

当孩子在2～4岁开始对异性有朦胧的好感，甚至会幻想和喜欢的人结婚时，他就进入了婚姻敏感期。

在顶顶 3 岁半多一点的时候，他会经常对我说："妈妈，我要跟你结婚。"我第一次听时愣住了，后来也就慢慢习惯了，只当是孩子童言无忌。当然他也跟他爸爸说过"爸爸，我要跟你结婚"。

有一天，我碰到了顶顶朋友的妈妈，我俩聊着聊着就说到了孩子总爱说"跟 ×× 结婚"这个话题。当时我俩都不懂什么是婚姻敏感期，讨论了半天也只是发发牢骚而已。直到我在一本书里看到这方面的论述，才恍然大悟：原来孩子是有婚姻敏感期的。

当孩子进入婚姻敏感期，一开始他们会对父母产生强烈的爱意：男孩会因不能和妈妈结婚而愤怒，女孩会因长大不能嫁给爸爸而烦恼。随后，孩子会将对父母的爱转移到其他小伙伴身上——孩子会幻想和喜欢的小伙伴结婚。这是他们对婚姻的朴素认知——相爱的人就要在一起，就要结婚。当"两情相悦"时，孩子会体会到强烈的自我认同感，当被喜欢的人"抛弃"时，孩子也会经历"失恋"的痛苦。这些经历将成为今后孩子婚恋观的基础。

在婚姻敏感期里，孩子建立婚姻的概念并应用它，学习爱与被爱——通过传递爱，爱的品质就逐渐形成了，而被爱使孩子的自信心得到发展。

父母应正视婚姻敏感期对孩子的影响，不要嘲笑孩子，更不要对孩子的言行妄加评论，应该保护孩子的情感表达，耐心地倾听，默默地关注孩子。

想象力发展敏感期

想象力发展敏感期一般是在2～8岁。这个阶段的孩子喜欢涂鸦，往往会冒出很多奇思怪想，喜欢胡言乱语。

有一次，我带着灿灿去游乐场玩。有一个男孩跟灿灿差不多大，应该在5岁左右。那个男孩手里拿着枪，嘴里嘟嘟囔囔地说个不停。有个家长被吵烦了，就对男孩的妈妈说："你们家孩子在干吗啊？说的都是些什么东西？"男孩的妈妈却不以为意地答道："他正在发挥他的想象力呢。"

孩子在这个阶段就是喜欢"胡言乱语"，而父母要做的，就是理解孩子、鼓励孩子。只有这样，孩子的想象力才会得到最大限度的发挥。但在现实中，很多父母不懂这个道理，总是喜欢对孩子指指点点，孩子稍有"出格"的想法，便不假思索地训斥、制止，甚至"纠正"。比如，孩子在画画的时候，总会去指点："你怎么能这么画呢？这个兔子画得一点儿都不像。来，妈妈教你。"其实，这样做只会扼杀孩子的想象力。在孩子画画的时候，父母只要说："画得真好啊，画得真不错。哎呀！你看我们的孩子像小画家一样。"父母越鼓励，孩子越有自信。

有一天，我把灿灿和顶顶的绘画作品发到朋友圈里，一个朋友的女儿随即在帖子里回复："姐姐，我现在才真正感受到你做家庭教育的意义。原来，父母对孩子的兴趣影响是那么巨大。我还记得小时候你到我们家玩，我当时画了一幅仕女图，你夸我画得好，可是我爸爸却说这画的是什么玩意啊，一点都不像。从那以后，我对画画的兴趣就越来越淡，以致现在一点兴趣都没有了。"

过去父母在教育孩子时，多喜欢批评，害怕鼓励、夸奖会助长孩子的骄傲情绪。其实，父母需要了解孩子的成长规律，不要过早给孩子的思想制定条条框框，对他们的"离经叛道"要以宽容、鼓励为主。

社会规范敏感期

从两岁半开始，孩子从依赖父母、自我为中心的状态，逐渐学会结交朋友，喜欢参与群体活动，这就说明孩子进入了社会规范的敏感期。

这时父母要有意识地创设丰富而适宜的环境，如带幼儿到社区，或去亲戚朋友家与更多的小朋友交往，满足孩子交往的需求，让孩子在与同龄伙伴的交往中，学习协商、谦让、合作等多种社会性技能。父母还要经常带孩子参加社会活动，如聚会、参观、演出等，让孩子从中建立明确的生活规范、日常礼仪，使其日后遵守社会规范，拥有自律的生活。

识字敏感期

3～6岁是孩子的识字敏感期。这时父母要通过识字积木、识字卡片到图画书不同形式，让孩子进行书面语言的学习。这些不仅是提高孩子语言表达能力的重要途径，也是孩子获取外界信息、训练思维能力、发展想象力的重要手段。

父母也可以采用更轻松活泼的方式，比如带孩子上街时，让孩子念各种标识牌、广告牌。通过寓教于乐的方式，孩子学得更快。

文化敏感期

孩子对文化学习的兴趣萌芽于3岁，但6～9岁会出现探究事物的强烈需求，从之前爱问"是什么"到问"为什么"。这时期"孩子的心智就像一块肥沃的土地，准备接受大量的文化播种"。父母可在此时提供丰富的文化资讯，以本土文化为基础，延伸至关怀世界的大胸怀。比如可以让他涉及风土人情、历史、地理等方面的知识。

书写敏感期

孩子在进入书写敏感期后，一般需要经历用笔在纸上戳戳点点、来来回回画不规则的直线、画不规则的圆圈、书写出规整的文字等几个阶段。

对于处在这一敏感期的孩子来说，让他们对书写产生兴趣，远远比教给他们如何写更重要。

为了保护孩子的书写兴趣，父母要为孩子提供丰富多彩的书写材料；在孩子书写过程中，应不断地给予鼓励。此外，父母不能强迫孩子过早学习写字，不要去纠正孩子的书写方式，这些都是孩子的手部肌肉发育得足够成熟时才能做的事。

阅读敏感期

在这个时期，幼儿开始痴迷各种带文字或图片的东西，包括各类图书、报纸、广告牌、宣传画，甚至合同书。阅读时他们的注意力不再单纯地停留在多彩而有趣的图画上，对图画上的文字也产生了浓厚的兴趣，往往要求成人告知这些文字怎么念，然后自己再一遍一遍地朗读。

当孩子的阅读敏感期到来时，父母首先应当为孩子创设良好的阅读环境，比如给孩子布置一个专属阅读区；其次，给孩子提供适宜的图书；再次，鼓励孩子自由阅读、探索，当孩子遇到阅读困难时，再帮助其解决。当孩子要求父母讲解图书时，父母应该兴致勃勃地和他们一起看，并根据图画内容和孩子交谈，训练孩子的语言理解能力，随后要求孩子将故事复述一遍。在复述故事时，孩子有可能记不真切，父母可适当提醒，鼓励其用自己的语言把故事讲完，从而进一步提高幼儿阅读的信心和兴趣。

灿灿在进入阅读敏感期时，由于当时我们家还住在黄山，只能通过邮局订《幼儿画报》，还不知道绘本这类幼儿读物。当然,《幼儿画报》的内容也非常不错,灿灿获益良多。搬到北京后,我给灿灿买了大量绘本。通过阅读绘本,灿灿的语言能力得到了很大提升。

阅读是孩子瞭望世界的最佳方式,因为书中有无穷无尽的知识。对于一般的父母,他们既没有精力,也没有财力走万里路,那么"读万卷书"就是拓宽孩子视野的最佳通道。所以,培养孩子的读书兴趣,越早开始效果越好。

我的邻居中有一对夫妻,在孩子出生10个月后就去了阿尔及利亚,孩子交给外公外婆带。在外公外婆的过度呵护下,孩子的教育很成问题,所以孩子的妈妈就提前回国抓孩子的教育。

她看到我的两个孩子都去上艺术班,也给自己的孩子报了名,还得到了附赠的借书卡(用这张借书卡,孩子每次可以借5本绘本)。有一次我们俩在一块儿聊天,她对我说:"自从有了这张借书卡,孩子非常喜欢看书,在不知不觉中,孩子的行为习惯、饮食习惯有了很大改善,还学会了礼貌待人、与朋友和平相处。"

在这方面,我的一位学员做得也非常棒。

这位学员原本是个美术老师，但为了不与先生过两地分居的日子，毅然做起了全职太太。有了孩子后，她以为自己的职责就是在孩子上幼儿园之前照顾好孩子的生活。一次偶然的机会，她得知孩子的成长是有敏感期的，父母对孩子需要进行早期教育，于是她开始关注家庭教育的各种知识。

在她的悉心培养下，她的孩子3岁多就能独立阅读。现在孩子已经5岁多了，阅读量大得惊人，每个星期能读8本绘本！

独立敏感期

12～15岁是孩子的独立敏感期。在这个阶段，孩子会以反叛的方式来向世界宣告自己已经成为一个独立的人。很多事情，他们一旦形成自己的想法，就会坚持自己的见解和立场，不会轻易受到别人的影响和干预。

父母要学会引导孩子形成独立的价值观，同时要学会放手，让孩子遵从自己的内心，做力所能及的事。

抓住孩子的敏感期开展教育

父母在对孩子进行早期教育时，必须遵循以下三个基本原则。

第一，给孩子创设充满刺激的学习环境。

研究表明，大脑通过不断地刺激，可以获得飞速发展。所以父母可以在孩子的各个成长敏感期用以下四种方式（见表3-2）循序渐进地刺激孩子大脑的发育。

表 3-2　刺激孩子大脑发育的类型及方法

刺激类型	刺激方法	刺激目的
低度	多带孩子接触大自然、听音乐	开启孩子的心智
中度	观看有益身心的儿童节目、智力比赛	培养孩子的观察力、鉴赏力及表达能力
高度	插花、下棋、饲养小动物等	磨炼孩子的耐心，鼓励孩子开动脑筋
更高程度	吟诗、作画、木刻、泥塑、演奏乐器、练武术、踢足球、搞小发明、制作航模等	培养孩子的求知欲、应急能力和创造精神

父母应当按照表中所列方法在孩子出生后对其施行适宜的刺激，使孩子的大脑神经网络更发达，为将来的学习与发展奠定坚实的基础。

当孩子接受了有效的环境刺激，其潜能就会被充分挖掘。比如，在语言发展敏感期，父母要与孩子多交流；为了提高孩子的运动能力，父母不要给孩子设置过多的规矩，要让他们多跑多玩。越淘气的孩子越聪明。我的两个孩子的运动能力都不错，现在在学校、幼儿园的表现也都很出色。在这个时代，所有人拼到最后，拼的就是健康，所以孩子在小的时候要多玩，才能为以后的发展打下坚实的身体基础。

第二，给孩子构建多元化生活。

现在的孩子大都是独生子女，生活圈子很窄。为了满足他们多方面的发展需求，父母需要为他们提供健康丰富的生活和积极多样的活动，使他们在快乐中获得有益于身心发展的经验。在这方面，倪萍老师是所有父母的榜样。

在城市里，由于孩子很少有兄弟姐妹，加上邻里之间缺乏交流，孩子的生活圈子很窄，很难交到朋友。倪萍老师发现自己的孩子也存在这个问题，于是她主动想办法举办各种活动，比如拔河、打球等，帮助孩子结识朋友，建立属于他自己的朋友圈。通过这些活动，她的孩子认识了不少小伙伴。

其他父母也可以向倪萍老师学习，为孩子营造多元生活，比如带孩子参加亲子游戏、亲子阅读、亲子兴趣班等，这些亲子活动对孩子的心智成长是有很大帮助的。

第三，引导孩子的发展。

孩子的发展除了受遗传因素的影响，还与父母是否会引导有关。比如在孩子走路前，如果父母能够有意识地锻炼其腿部肌肉，孩子就有可能更早学会走路。再比如，当孩子长到4～6个月时，就进入了咀嚼敏感期，这个时候就需要开始给孩子提供辅食。辅食应遵循从流食到固体食物、从糜状物到块状物、从单一食物到多种食物的步骤来提供，以锻炼孩子的咀嚼能力。如果父母怕孩子被食物噎住，不在食物供给上加以引导，而是一直给孩子吃很碎的食物，孩子的咀嚼能力将停止发展，长大了就可能会无法接受正常的食物。

　　此外，在孩子进入幼儿园之前，父母还要引导孩子掌握一些基本的生存技能与理念，比如控制说话时的音量，控制脾气，和同伴建立良好的关系，学习与社会、事物有关的简单概念，与父母兄弟姐妹建立情感，区分善恶，男女角色的认知，发展读、写、算的基础能力，价值判断的标准，发展人格的独立，等等。

孩子的前程是规划出来的

如果孩子能在幼时确立以后的发展方向，并经历长久的职业预备期，长大后就能具备扎实的职业技能，可以更加顺利地迈进社会，成为优秀的专业人才。

科学规划孩子的成长方向

在博冠国际开设的课程当中，有一门核心课程叫"前程规划"。这是我做了 15 年职业经理人，又对家庭教育有了深刻理解后总结出的经验之谈。我认为人生需要设计，而关键就在童年。父母应该在孩子还小时，就有意识地对孩子的成长方向进行科学规划。

小赵的父亲是一家公司的董事长，所以小赵从上小学开始，就常常被父亲有意识地带着参加董事会的会议。结果小赵 18 岁时就顺利地进入了摩根士丹利，从事投资工作；汤姆9岁时就立志成为F-16"战隼"战斗机的飞行员，在历经16年的精密规划和准备后，他在25岁时终于如愿以偿。

我自己也是职业规划的受益者。我小的时候曾经看过一部电影，电影里的女董事长，无论是气质、形象、谈吐，还是她的办公室里放着的大大的老板台，都让我产生了很大的触动，当时我就希望自己长大了能像电影里的女董事长那样，成为一个企业家。在这一梦想的激励下，我21岁时就拥有了自己的老板台。

孩子越小，可塑性越强，越容易接受新事物、新思想、新技术，也更敢于接受高水平的挑战。如果孩子能在幼时确立以后的发展方向，并经历长久的职业预备期，长大后就能具备扎实的职业技能，可以更加顺利地迈进社会，成为优秀的专业人才。

在这方面，德国人堪称楷模。

德国的孩子在上完小学（通常为四年）时，就需要选择进入哪类中学。去文科中学上学的孩子，经过九年制完全中学教育进入大学，他们将成为社会精英。进入实科初中（六年制）的孩子，毕业后多半继续接受全时制的高级职业技术教育或科技类的高等教育，少部分接受所谓二元职业训练，成为工商业界、政府机关的实务人才。进入主科初中（五年制）的孩子，毕业后大多继续进入二元职业教育体系完成学徒训练，并以从事手工业、制造业为主。

兴趣比专业更重要

受传统思想影响，中国的父母通常希望孩子能够考上大学，乃至进入名校。所以很多孩子在填报高考志愿时，父母总是先看孩子的分数能上哪个档次的学校，然后考虑哪些专业的就业前景好，更谨慎一点的还会咨询老师及权威人士的意见，可唯独忘了问孩子喜欢不喜欢。

孩子的人生之路，最终需要他们自己去走。如果孩子清晰地知道自己的兴趣所在，就让他选择自己喜欢的专业，今后取得成功的可能性才会更大。如果孩子被父母逼着学了自己不喜欢的专业，走向社会后选择了和专业完全不对口的工作，那么不仅浪费孩子的时间，也会浪费社会资源。

能力比学历更重要

美国的高等教育之所以做得如此出色，非常重要的一点是，相比学历，美国父母更注重对孩子能力的培养，比如孩子的动手能力、独立能力、创造能力以及自主能力。这一点中国的父母要向美国父母学习。

在我看来，按能力、意识的不同孩子可分为四类（见图 3-2）：

第一类孩子有学习的意识又有学习的能力。对于这类孩子，父母最放心，只需继续鼓励即可。

第二类孩子有学习的意识但能力低。父母需要帮助孩子提升能

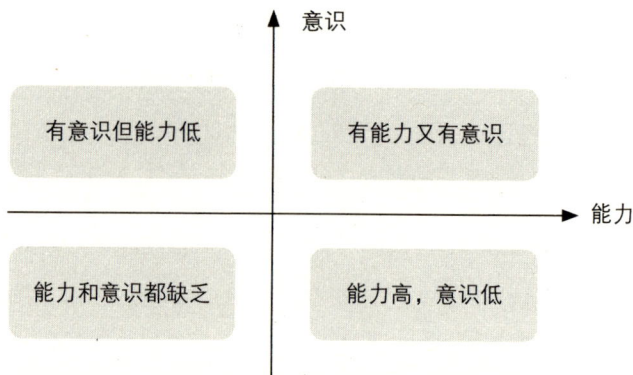

图 3-2 孩子的意识与能力

力。父母要有较强的动力，去帮助和支持他。对于这一类孩子，只要给他帮助和支持，他就能有所提升。

第三类孩子学习能力高但学习意识低。对于这类孩子，父母要充分调动他们的内心需求。

第四类孩子的学习能力及学习意识都缺乏。对于这类孩子，父母不仅要调动他们的内心需求，还需要给予提升能力的方法。

在孩子和父母的共同努力下，在每个年龄段，孩子的学习能力应该达到一定的程度（见表3-3）。

表 3-3 孩子在各个年龄段的学习能力

年龄段	学习能力特点
6～8 岁	自主完成作业，关注学习结果
8～10 岁	考试前会复习，有时间意识，有寻求他人帮助的意识
10～12 岁	能安排学习时间，形成良好的学习习惯，会对学习结果进行反思
12 岁以上	能合理协调各个科目的学习时间

正视孩子的情绪，因势利导

良好的情绪管理能力，不仅是孩子安全感的来源、亲子沟通的保证，更是培养高情商优秀儿童的基础。

父母，给自己的情绪一条出路

情绪与生俱来、无处不在，它只会被压抑，不会无缘无故
地消失。所以，父母不要压抑、掩饰或否认情绪，而应
把它表达出来。当然，表达方式一定要合理，不能过激。

不做"压力锅"父母

情绪的内涵很丰富，既包括最普遍、最通俗的情绪，如喜、怒、哀、
惊、恐、爱等，也包括一些微妙的情绪，如嫉妒、惭愧、羞耻、自豪等。

情绪与生俱来、无处不在，它只会被压抑，不会无缘无故地消
失。但很多父母不懂这个道理，不承认情绪的合理性，认为有情绪是
不成熟的表现，对自己的情绪很恐惧，一味地压抑、控制，于是情绪
就会像压力锅，一旦被孩子的某些言行刺激，就如同猛然掀开锅盖似
的爆发出来，连自己都未察觉出为何会如此。

为了避免做"压力锅"，父母首先必须清楚自己的情绪根源在哪
里，也就是要了解自己的元情绪。

所谓元情绪，指的是在小时候积压在心底的情绪，在当下压力下表现出来。比如，爸爸看到孩子大声吵嚷就忍不住发火，其元情绪就是在他小的时候，自己的爸爸动不动就在家里对着妈妈和孩子大声嚷嚷，于是他把这个情绪积压在潜意识里，在长大后遇到相似的情境，他立即就会有情绪。

其次，父母不要隐藏自己的情绪，要允许自己的情绪自然地流露出来。比如，孩子惹你生气了，你就直截了当地对孩子说："妈妈现在很生气，不想说话。"

再次，学会清空内心，实时刷新自己。不良情绪会导致错误的行为。比如，有些父母在学习了博冠国际的课程后，意识到自己错过了孩子在 0～3 岁的成长敏感期，忽略了亲子关系的培养，明白自己在教育孩子的问题上有很多事情做得不到位，于是就开始内疚。对于这件事，我觉得父母要学会清空内心，实时刷新自己，活在当下，而不是去追究过去的错误行为，否则对孩子的成长也是不利的。

第四，要做一个拥有"童心"的父母。父母要把孩子当孩子，不要用大人的标准来看待他。父母在与孩子沟通时，应该蹲下身来与孩子做平等沟通。只有这样，才能更好地与孩子相处。

我的一个同事加入我们公司后，参加了家长学校的学习，收获很大。

她的孩子刚上小学一年级。虽然孩子在她的督促下有了很大进步，但注意力还是不集中，学习习惯也不太好。因为这些问题，她老是对孩子发火，孩子也用非常恶劣的情绪对待她，母子俩的关系一度非常紧张。

在参加了家长学校的学习之后，她才明白父母是孩子的镜子，自己的情绪会影响孩子，于是她开始主动给自己减压，学着与孩子进行平等的沟通和交流。只过了半年，她真的有了很大变化。

原来她会经常给老师打电话，问孩子的学习情况怎么样，搞得孩子不胜其烦，现在却是孩子会不解地问她："妈妈，你怎么最近都不问我们老师我的学习了？"虽然她不再频繁过问孩子的学习情况，但从老师那里她知道孩子上课时的注意力集中了，进步很大，成绩也在班级名列前茅。

事实上，在小学期间，孩子的能力不会有很大的差距，关键看父母的是否有颗"童心"。

最后，爸爸要积极参与孩子的情绪管理。孩子3岁以后，爸爸对他的鼓励和肯定所能起到的作用要远远超过妈妈。妈妈通常比较感性，有时候心疼起孩子来，或遇到不愉快的事，很容易情绪崩溃，难以自我控制，而爸爸通常会更加理性一些。所以，如果爸爸能够参与孩子的情绪管理，孩子将会受益终身。

调整情绪的基本技巧

提到调整情绪，就不得不提美国心理学家埃利斯·阿尔伯特

（Ellis Albert）创建的情绪 ABC 理论（见图 4-1）。

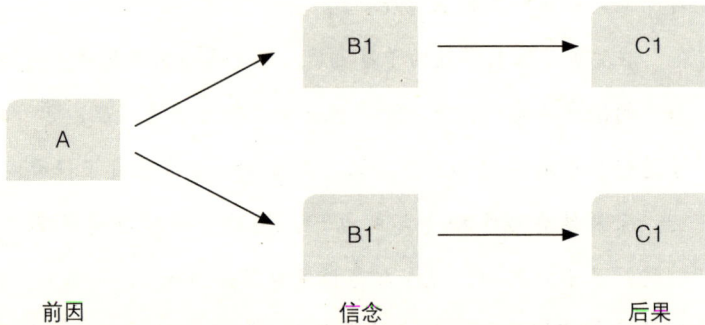

图 4-1　情绪 ABC 理论

　　埃利斯认为，激发事件 A(activating event 的第一个英文字母)只是引发情绪和行为后果 C（consequence 的第一个英文字母）的间接原因，而引起 C 的直接原因则是个体对激发事件 A 的认知和评价而产生的信念 B（belief 的第一个英文字母），即人的消极情绪和行为障碍结果（C），不是由于某一激发事件（A）直接引发的，而是由于经受这一事件的个体对它不正确的认知和评价所产生的错误信念（B）直接引起的。

　　比如，老师对学生提出了严厉批评，不同的人会有截然相反的情绪认知：具有消极情绪的学生会认为老师是在故意针对自己，于是产生厌恶老师的心理；而具有积极情绪的学生则会认为这是老师在关心自己，是为自己好，于是不但不会怨恨老师，还会痛改前非。

　　再比如，孩子们在玩球的时候难免会被球砸到，这时，不同的孩子就会产生不同的想法：有的孩子会生气地认为别人是故意攻击自己，于是就会生气恼怒；而有的孩子则会想玩球的人可能是没注意到自己，于是表现得心平气和。

如何处理负面情绪？就是不要压抑、掩饰或否定它，而是把它表达出来。当然，表达方式一定要合理，不能过激。比如，找好朋友倾诉一番。如果不想打搅他人，也不喜欢过于外露的发泄方式，也可以采用以下方法。

• 进行深呼吸。当你有了情绪，比如和孩子之间产生了不愉快，可以找个安静的地方，闭上眼睛，全身放松后深呼吸，同时心里默数1、2、3……

• 想象。想象法也叫情绪心象法，就是通过大脑里浮现出画面来调整情绪，改变心态。比如想高兴的事情，或是美好的景色，这时候你就非常放松了。

• 听音乐。音乐能表达情感，音乐的旋律、节奏和音色通过大脑感应可唤起听者相应的情绪体验，使得内心积极的情感得以释放、消极的情感得到宣泄，音乐还能吸引和转移人的注意力，改变或抑制现有的负性情绪，从而获得良好的心理状态。但音乐不能乱听，一定要有的放矢。比如，旋律优美、缓慢、悠扬的音乐可以安定情绪，旋律流畅、节奏明快的音乐可以振奋精神……

• 体育锻炼。体育锻炼可以改善锻炼者的心境状态，降低锻炼者的焦虑水平。另外，在进行各种体育锻炼的过程中，人们会得到一种快乐的体验和感受。

孩子也是有情绪的

孩子在成长过程中，总会因困扰产生各种各样的情绪。
父母要做的，就是抓住情绪信号，及时处理孩子的情绪
问题。

孩子的情绪从何而来

孩子在成长过程中总会因困扰产生各种各样的情绪。比如，在适
应新环境的过程中，会产生焦虑情绪；在公众场合表现时，会有害羞
的情绪；被父母盯着完成作业时，会有厌烦的情绪；与同伴竞争时，
会产生嫉妒的情绪；要求没有得到满足时，会有失望的情绪……

对于中国的孩子来说，因为学习占据了他们的绝大部分时间和精
力，所以成绩的好坏会极大地影响孩子的情绪——学习成绩好，就高
兴；学习成绩不好，就不高兴。当然，父母也很难高兴。

孩子情绪的另一大来源是身体的变化。尤其是在青春期，孩子会特
别在意自己的形象，会因青春痘或第二性征的出现而困扰、惶惑。

孩子的情绪会发出信号

孩子的情绪可以通过行为表现出来，父母要做的，就是抓住这些情绪信号，及时处理孩子的情绪问题。

通常，学龄前儿童（3～6岁）有负面情绪时会出现频繁眨眼、啃指甲、爱发脾气、胆怯、黏人、打小朋友、睡眠不好、食欲减退、闹肚子、感冒等问题。

在7～12岁时，孩子有了负面情绪，通常会表现出身体不适、爱做梦、焦虑紧张、拒绝上学、对任何事情兴趣都不大、学习成绩下降等问题。

13～18岁的孩子正处于青春期。由于青春期是儿童向成年人转变的时期，孩子通常都很叛逆。

适当的焦虑是好事

在很多人看来，焦虑是一种不良情绪，对人有百害而无一益。但实际上，焦虑与效率之间呈倒U字关系——过高或者过低的焦虑都不利于人取得成功，而适当的焦虑能调动情绪，激发动力，是成功的盟友。

三个水平相同的考生，一个非常焦虑，一个轻度焦虑，一个毫无心理负担。哪个学生会考得更好呢？实验表明，轻度焦虑的学生会考得最好。因为轻度的焦虑能使考生重视考试，从而做到有计划地复习；过度的焦虑会让考生乱了分寸，无法进行有效学习；对考试表现出无所谓的考生，当然不会花时间认真复习，所以后两者都考不好。

情绪没有好坏之分，只是适当与否。我觉得我妹妹在这方面的经历值得与大家分享。

我妹妹读高一的时候，成绩只能说比较好，可到了高二和高三，她的成绩却呈直线上升。我认为，最重要的原因是她的情绪状态一直非常稳定。

她之所以会这样，一方面源于家人给了她足够的爱和支持。比如父亲一有空就去新华书店帮她找学习资料，而我那时因为比较喜欢看励志书籍，所以也会不断地激励她。另一方面，家人从不给她施加压力。所以高中三年对于很多人来说压力巨大，但我妹妹却非常轻松，最终在当年的高考中成为我市的高考文科状元。

我父亲最好的朋友的孙女小 F 在 2014 年以 678 分的成绩考上北大。小 F 之前暑假来北京参加了北大夏令营，我接待了她。我发现这个孩子有很多与众不同的地方，尤其在情绪管理上是个高手。

小F小时候爷爷奶奶带得比较多。但上了小学以后，她的父亲开始关注她的学习，给她做规划、做思想工作，她的母亲也开始关注她的生活起居。

小F刚上初中的时候，学习成绩是中等偏上，如果以这个成绩去市里上高中，是没有办法进实验班的。她的爸爸妈妈也说，如果实在上不了实验班，她就没有必要到市里上高中了。但小F不服输，学习十分刻苦，加上运气不错，中考成绩发榜，她居然在实验班的名单里看到了自己的名字。

上了高中以后，由于从小备受家庭呵护，自理能力比较差，小F无法马上适应，再加上学习压力特别大，所以在最初一段时间里她的学习成绩下降了很多。但这个孩子的情绪管理做得非常好，也有非常强的意志力。通过与班主任多沟通，再加上与父母的电话交流，她逐渐将情绪调整到适当状态，学习成绩也开始稳步提升。

高二时，有一次考试她考得很好，在班级里爆了"冷门"，从此她愈发自信，成绩也一发不可收拾地变得越来越好。到了高三，她就已经稳稳地坐上了全年级第一的宝座。

做好情绪管理，孩子受益一生

成人有了情绪可以寻找合适的方式表达出来，但孩子有了情绪，却很难合理地表达出来，甚至会哭泣、吵闹。这时，父母要接纳孩子的情绪，明白孩子有情绪是正常的，而且情绪是父母了解孩子内心的一个重要渠道。情绪管理做好了，亲子关系就成功了一半。

接纳孩子的情绪

成人有了情绪可以寻找合适的方式表达出来，但孩子有了情绪，却很难合理地表达出来，甚至会哭泣、吵闹。这时，父母要接纳孩子的情绪，明白孩子有情绪是正常的，而且情绪是父母了解孩子内心的一个重要渠道。情绪管理做好了，亲子关系就成功了一半。

首先，多用眼睛、耳朵关注孩子的情绪。孩子放学回家了，心情很好，也能按时完成作业，说明他今天的情绪好，没遇到无法解决的问题；孩子放学回家，无心做作业，说明他今天心情不好，那可能是他今天遇到了问题。

其次，容许孩子有情绪。中国的父母总爱拿别人的孩子与自己的孩子比，觉得一点小事别的孩子能接受，怎么自己的孩子就会有情绪？于是不承认孩子情绪的合理性。其实每个孩子都是不一样的，对待同一件事，看法当然不一样。

最后，接纳孩子的情绪，主动与之沟通。在孩子的眼里，父母就是自己的一片天。当孩子有情绪时，父母应该蹲下身与孩子平等地交流、沟通。这样，孩子对父母的信赖感就会迅速增加。

比如，孩子因小朋友不和自己玩，就生气地摔玩具、哭泣时，父母应该抱着孩子帮助孩子把情绪表达出来："宝贝，玩具摔了，我知道你很难受。刚才隔壁的小朋友不愿意和你玩，你很伤心，是吗？"在搞清楚了孩子的情绪根源时，还要告诉他应对情绪的正确办法，比如父母可以对孩子说："你可以拿着自己的玩具再去找那个小朋友，跟他说咱们一起玩，好吗？"

这样做了以后，孩子明白父母是关注自己、理解自己的，负面情绪通常能够很快化解，今后也有信心面对更大的考验。

但这一点父母往往很难做到。很多父母每天忙于工作，回到家里就想放松一下，即使看出孩子的情绪有问题，也懒得与之交流、沟通。长此下去，亲子关系不可能和谐，孩子的情绪管理也很难做好。

处理孩子情绪的错误做法

在现实中，很多父母并不懂得如何正确处理孩子的情绪，常常采取以下四种错误的做法，给孩子造成无法弥补的伤害。

交换型

见到孩子哭泣或生气，他们便急着转移孩子的注意力，说："宝宝别哭了，给你看动画片""带你去吃肯德基"……

这一类型的父母认为孩子的情绪不重要，更不应该表现出来，而应该压在心底。孩子因此经常对自己的负面情绪感到迷惘、怀疑，累积下来，就会显示出自信不足，在生活中容易产生很大的压力。

惩罚型

这一类型的父母对孩子的情绪表现很反感、愤怒，往往会说"不许哭，再哭揍你了！""为什么这次考得这么差？罚站一小时！"等恐吓孩子的话。

父母之所以会说出这些话，原因可能有四种：

• 父母认为孩子的情绪表现只不过是要引人注意，或者想从父母那里得到某些东西，父母因而产生愤怒及对抗的心态。

• 若不责骂或惩罚孩子的负面情绪表现，自己将会失去对孩子的控制，或者担心孩子会培养出坏脾气。

• 认为因孩子宣泄情绪而责骂或处罚他们，可以让孩子变得更坚强。在这种父母看来，世界是冷酷无情的，只有最坚强的人才能生存，故此孩子不能成为"胆小鬼""弱者"。

• 认为情绪是无意义的，只有通过责罚，才能够培养出没有负面情绪的孩子。

受到惩罚型父母对待的孩子不相信自己的判断，对自己没有信心，觉得自己的感受毫无根据、不适当，或者不正确。他们由于自尊心受挫，在调整情绪和解决问题等方面会遇到更多困难，在注意力、学习和与同龄孩子相处等方面上会出现更多的麻烦。

冷漠型

这一类型的父母允许孩子有负面情绪，但抱着不予干涉的态度，比如，当孩子因考试成绩不好而哭鼻子时，他们会说"考得这么差还好意思哭，要哭去房间自己哭个够吧"。

这样做的结果是，孩子不知道该如何正确处理情绪问题，一旦产生愤怒的情绪，就会变得极富侵略性，会运用言语或行动去伤害别人；一旦伤心了，就会长时间地哭闹，不知怎样正确地安抚和疏解自己。

说教型

这一类型的父母认为孩子之所以会产生负面情绪，是因为做错了事，所以孩子理应承受情绪带来的痛苦。他们会说"你都这么大了，应该懂事了，隔壁的小朋友比你强多了""妈妈在你这么大的时候，早都不哭鼻子了"……

这些说教没有给孩子提供具体有效的处理方法，孩子依然需要独自面对负面情绪带来的痛苦，不知如何是好，而且喋喋不休只会进一步加剧孩子的痛苦，让其在本来就有的情绪之上更增添不耐烦，甚至愤怒。

父母要控制自己的情绪

父母要学会控制自己的情绪，不要让自己的负面情绪影响孩子。

一位校长曾经给我说过这样一件事：

一个孩子参加了一场有几千人参加的"小小主持人"大赛，结果这个孩子没有得到名次。孩子的父亲沮丧地对校长说："怎么办呀，孩子为这次比赛吃了很多苦，现在这个结果我都不知道该怎么跟孩子说。"校长就告诉他："几千人参加的活动，最多也就十几个人会获奖，绝大多数人是获不了奖的。再说，孩子没有拿到名次，你觉得是件大事，因此压力大，但孩子不一定会有这种压力。因为孩子觉得只要能参与就很高兴了。"

在生活中，父母也会因为工作、人际关系中的烦恼而情绪不佳，但如果父母任由自己将负面情绪发泄到孩子身上，就有可能对孩子的情绪产生消极影响，继而可能让很小的一件事情被无限地放大。所以，父母有了情绪时，首先要努力做到控制情绪。如果实在控制不了，可以选择"罢工"——避开孩子，用其他方式发泄情绪。当然，如果对自己的处理方式比较自信，也可以在孩子面前表现出"脆弱"的一面——合理适当地表达自己的情绪，这样反而会增强孩子对他人情绪的理解能力。

化解孩子情绪的五大步骤

在面对孩子的情绪时，很多家长往往不理解为何会有这样的情绪，于是禁止孩子表达出来："你怎么又生气了，不许哭！""为这点小事犯得着吗？"这些话对孩子的成长很不利，会让孩子感到父母不能理解他、包容他。

有一年暑假，灿灿和她爸爸去了一趟温州，回来时把一件礼物落在了飞机上。这件礼物虽然不值钱，但毕竟是灿灿亲手挑选的，为此她一直闷闷不乐。当时我并不理解灿灿的心情，觉得这算不了什么大事，既然东西丢了，还能怎么办？回去取是不可能的，成本太高了。即使回去取，找到的可能性也几乎为零。于是我就对灿灿说："去了也找不到，如果别人捡到了，拿回去用，也算物尽其用。再说丢东西是件小事，妈妈过去也有丢东西的经历。"灿灿听了我的话并没有释怀，还是不高兴。

后来我跟儿童情商教育专家倪老师说了这件事，他指出我在这件事上犯了两个错误：第一，在得知情况后，我只关注事情本身，没有充分理解、觉察孩子的感受；第二，在语言沟通的过程中，我否定了孩子情绪的合理性，并过早地提出了解决方案。

倪老师告诉我，应该这样化解孩子的情绪：

·倾听，让孩子表达她的情绪；

·用语言帮助孩子表达情绪（妈妈知道东西丢了你很伤心、很惋惜，是吗？）；

·表示能够理解和接纳孩子的感受（太遗憾了，要是妈妈能够到飞机上帮你找回来那就好了）；

·和孩子一起商量解决方案（妈妈理解你的感受，也确实看出你很伤心、难过，那我们再商量一下，到底应该怎么做）。

经过倪老师的指点，加上我多年的摸索，我总结出了化解孩子的五大步骤：

·如果孩子通过殴打玩伴、摔玩具或骂人等方式表达负面情绪，父母要对孩子的不恰当行为进行规范：向孩子描述这些行为的危害，并告诉孩子这些行为是不恰当的，也是不被容许的。

·询问孩子情绪产生的原因，并耐性倾听孩子的回答。

·用自己的语言将他们的情绪描述出来，这样孩子就会很自然地被父母引入解决问题的正确轨道上来。

·鼓励孩子思考解决方法，父母提出建议进行补充。

首先，父母要鼓励孩子自己思考解决方案，备选方案越多越好，从而锻炼孩子的多元化思维能力。

其次，父母可以告诉孩子自己小时候遇到类似的问题时都是怎么做的。这样做不仅有利于孩子打开思路，也可以趁机向孩子灌输正确的价值观，肯定比单纯地讲解与孩子日常生活无关的抽象概念来得有效。

·由孩子做出选择，并尽量尊重孩子的选择。父母将孩子的方案和自己想出的方案一一列出，由孩子做出选择，并尊重孩子的选择。孩子会认为这是父母对自己能力的肯定，就会越来越自信。

假如孩子的选择被事实证明明显行不通，父母再帮助他分析失败的原因，和孩子重新讨论解决问题的办法。这样做，孩子便会理解：结果错了，并不表示过程就是白费，每一次调整都会让自己更接近成功。

经过这五个步骤，孩子的情绪得到了宣泄，获得了父母的认同，也找到了解决的办法，情绪问题自然得到圆满解决。

孩子的自控力，父母教最好

为了帮助孩子做好情绪管理，父母还要锻炼他们的自控力。

人与动物的根本区别之一，就在于人是有思想的，可以理智地控制自己的感情和行动。但自控力不是天生就有的，是靠后天学习得来的。这就是为什么有的人一有情绪，就要立刻表现出来，而有的人能很好地管理自己的情绪。

实验证明，自控力是一个人取得成功的关键因素之一。

20世纪60年代，美国心理学家沃尔特·米歇尔（Walter Michell）给一些4岁的小孩子每人一颗糖，并告诉他们每个人都有两种选择：可以立即把糖吃掉，但只能吃一颗；如果等20分钟，则能吃到两颗。有些孩子急不可待，马上就把糖吃掉了，而另一些孩子却能等待对他们来说非常漫长的20分钟。为了使自己耐住性子，他们闭上眼睛不看糖，或头枕双臂、自言自语、唱歌，有的甚至睡着了……最终，他们吃到了两颗糖。

该实验一直追踪到这群孩子上中学。沃尔特发现，在 4 岁时能以坚忍换得第二颗糖的孩子往往适应性较强，具有冒险精神，更自信、独立，更受他人欢迎；而那些在早年就经不起糖果诱惑的孩子，则更可能孤僻、易受挫、固执，往往屈从于压力，逃避挑战。

培养孩子的自控力，必须让孩子保持安定愉快的情绪，愤怒、恐惧、悲伤等负面情绪只会使孩子的身心发展失去平衡，长期郁积还会导致身体发生病变。因此，培养孩子的自我调节情绪的能力，经常让幼儿保持愉快的心境，是父母培养孩子自控力的一项非常重要的内容。

营造良好的亲子关系，一起成长

孩子是父母的镜子，要想改变孩子，父母首先必须做出改变。只有这样，才能在父母与孩子之间建立最好的亲子关系。

爱比方法更重要

爱比方法更重要。信任、支持是父母和孩子永远的朋友；沟通、理解是解开父母和孩子问题的金钥匙。

好的亲子关系大于好的教育

绝大多数父母都是爱孩子的，但亲子关系却不一定健康。所谓良好的亲子关系，不是孩子与父母之间过度依赖的亲密关系，而是一种相对和谐、彼此尊重的关系。

关系好坏时时刻刻影响着人与人的交往。很多人都有过这样的体验：如果我和某某关系好，我就可能听他的，按他说的去做，尽管我不一定知道这么做的意义或后果；如果我对某人没有好感，就不愿意听他说教。即使他的本意是好的，我也会将其理解成"坏话"。亲子关系也是如此。

爱比方法更重要。信任、支持是父母和孩子永远的朋友；沟通、理解是解开父母和孩子问题的金钥匙。如果孩子相信父母是无条件地爱着他，相信父母的所有批评都是为他好，那么双方就能互相关爱、互相理解，孩子的教育就会非常容易。如果孩子不信任父母，父母也不理解孩子，那么亲子关系肯定是不稳定的、扭曲的，甚至出现恶性循环。在这样的家庭环境下，从表面上看，孩子与父母生活在一起，但实际上，孩子的"心灵没有家"，已经成了一个"流浪儿"。在这种情况下，即使父母说得都对，孩子也会将其当成"耳旁风"，当成"正确的废话"。

良好的亲子关系是解决家庭教育问题的基础。亲子关系如果出了问题，家庭教育就一定会出问题；反之，如果一个孩子有问题，问题会表现在学校，其根源在家庭，主要责任在父母。

在家庭教育过程中，父母要尊重孩子，给予孩子平等的地位；要理解、信任孩子，让孩子愿意向父母倾诉；要引导孩子，给孩子选择的空间，同时让孩子明白，他必须对自己的选择承担相应的责任。

用成长的眼光看待孩子

孩子们的成长速度是惊人的，每一分钟都有进步，但很多父母却常常将孩子当成襁褓中的婴儿。面对孩子的跃跃欲试，他们总是以"你还太小，等大一点才行"这样的话加以阻止。

对于孩子来说，有些事情因为年龄太小的确不能做，但父母往往矫枉过正，许多他们认为孩子不能做的事，其实孩子已经完全有能力驾驭。

父母一定要用成长的眼光看孩子，一定要给予孩子成长的自由，允许孩子犯他那个年龄可能会犯的错误。如果不犯错误，孩子就会失去从错误中学习、应对难题、获得成长的机会。

当然，给予孩子的自由是有尺度的。对于如何把握，父母需要加强学习，掌握亲子教育的基本常识，了解有关孩子成长的基础知识。

随着知识大爆炸越来越迅猛，父母面临着各种新兴媒体的育儿信息的轰炸，很多信息甚至相互矛盾，导致父母不知道该相信谁。为此，博冠国际从中筛选了众多精华，给广大父母提供了一些既具有系统性又有可操作性的做法。只要父母照此办理，一定能培养出好孩子。

教育方式与教育内容同样重要

孩子大多都有逆反心理，而且蔑视权威，父母越是在孩子面前扮演专家，孩子越不听话，所以对父母来说，教育方式与教育内容同样重要。

灵活使用教育方式

教育孩子没有固定的正确模式，有效才最重要，不能照搬他人经验与书本知识。

小 G 和灿灿在同一个年级，但是不同班。听灿灿说小 G 有很多特长，所以我就记住了这个孩子。有一次我在小区里碰到了小 G 的妈妈。我在与她聊天的过程中得知她是如何教育孩子的。

小 G 的妈妈对小 G 的教育很用心，从小就对其进行了全方位的培养，比如小 G 4 岁时开始学跆拳道，5 岁时开始学象棋。当然在此期间，他妈妈还给他报了一些其他兴趣班，所以小 G 的特长很多。

小 G 上小学一年级时作业本上的字丑得没法看，但他妈妈没有打骂他，而是很用心地手把手地教他握笔姿势，还给他分析每个字的结构。慢慢地，小 G 从原来一个本子上都见不到一个"优"，到字写得越来越好。

由于小 G 表现十分优秀，他妈妈还曾经作为家长代表在家长会上分享了自己的教子方法。一些父母在依言行事后发现效果并不好，就纷纷打电话咨询小 G 的妈妈。她听后说道："我的这套方法是依照我孩子的性格、能力而设定的，不一定适合你们的孩子。"

正如案例中小 G 的妈妈所说，每个孩子的性格、能力都不同，父母要选择适合自己孩子的教育方式。

教育孩子的方式，大致说来有三种：体验、言传和身教。这些方式可以根据孩子的年龄、性格、认知能力的不同单独或混合使用。比如，对于一个不到一岁的孩子，如果父母只告诉他刚刚烧了开水的水壶很烫，不要碰，但孩子根本不明白什么是烫，所以在好奇心的驱使下，他还是可能会去触碰水壶。这时父母就应该采用体验式教育，拿着孩子的小手快速触碰水壶，让他体验一下烫是什么感觉，他就有可能再也不会去碰水壶了。

西方人非常提倡使用体验式教育法，中国父母过于呵护孩子，生怕孩子受到一点点伤害，所以更倾向于使用言传教育法，日本父母则倾向于使用身教法。这一点在天冷时孩子是否应该增加衣服上可以体现出来。

如果天气变冷了，西方的父母会比较民主，让孩子自己选择。如果孩子因为不加衣服而感冒，就当是一次教训。中国的父母通常会让孩子加衣服，不穿都不行。日本的父母认为越冷越能锻炼意志和身体，就带头少穿衣，所以有些孩子即使在冬天也穿短衣、短裤。

不管采用哪种方法，目的都是为了教育好孩子，所以父母要根据孩子的特点灵活使用以上方法。

教育孩子要赏罚分明、奖惩有度

首先，在教育孩子的过程当中，父母要赏罚分明。

赏识和批评应是教育的双翼，只有赏识而没有批评的教育是不负责任的教育，至少是不完整的教育。诚然，赏识教育可以呵护孩子的自尊心和自信心，有利于激发其潜能、培养其创造力，凸显了教育的人文本质，但赏识教育并不是包治百病的灵丹妙药，随着孩子慢慢长大，父母和老师会渐渐地发现赏识教育会带来一个突出的问题：孩子只愿听好话，不愿听任何批评，也经受不起一点儿挫折。所以，父母大可不必把孩子想得那么脆弱，孩子知道自己犯错的时候，内心都有一种要接受批评的准备，这时对孩子进行适当的批评教育是符合其心理需求的。

其次，对孩子的赏罚要有度。

奖励过多过少都是不可取的。总是随时给孩子奖励，奖励的含金量就会降低，孩子反而觉得没有前进的动力。奖励过少，孩子得不到父母的认可，缺乏自信，也会降低努力的程度。

与奖励相比，惩戒的使用更要慎重。处罚重了，孩子可能会产生自卑心理，从而破罐子破摔；但处罚轻了，又不足以使孩子引以为戒。只有适当、适时、科学的惩罚才能对孩子起到警示作用，促使孩子改正错误，从而收到以罚助教、以罚代教的效果。

通过家庭教育构建亲子关系

家庭是孩子最初，也是最主要的成长环境，因此，培养孩子健全的人格、帮助孩子养成良好的行为习惯、奠定孩子自信的基石，要靠家庭教育。

孩子的人格教育靠父母

亲子教育的核心是培养孩子的健康人格。健康人格有五条指标，即有责任感、有爱心、自信、善于自我管理，以及强大的抗挫折能力。

父母是原件，孩子是复印件。父母的人格特点会辐射到家庭生活的各个层面，继而影响孩子人格的形成。如果父母为人热情诚实、做事认真踏实，孩子也极易形成热情、诚实、友爱、善于交往等人格特征；如果父母心胸狭窄、斤斤计较、好算计，孩子长期置身于好贪小便宜的家庭生活氛围中，也极易变得市侩，成为利己主义者。

家庭是孩子最初，也是最主要的成长环境，所以，想让孩子拥有健康的人格，父母的人格首先要健康。只有当父母的人格很健康时，孩子才会按照这个标准要求自己。

此外，培养孩子的人格，还要培养其做人、做事的主动性。为此，父母要把孩子当作一个独立的、平等的个体对待，尊重、理解孩子，给予其足够的选择空间。只有这样，孩子的内心情绪才能得到释放，潜能才容易得到发挥。

人的一生都在选择，选择专业，选择行业，选择工作，选择婚姻，选择自己的生活方式……在成人的世界里，选择永远大于努力，其实孩子也一样。所以，父母一定要从小就给孩子灌输选择大于努力的思维方式，不要用命令的方式剥夺孩子的选择权，而要让孩子充分参与、表达，赋予孩子独立选择的机会。

让孩子养成良好的行为习惯

《百万富翁的智慧》一书作者托马斯·丁.斯坦利（Thomas J. stanley）对美国 1300 名百万富翁进行了调查。在谈到为什么能成功时，他们几乎没有一个人把成功归结于才华，而是说"成功的秘诀在于诚实、有自我约束力、善于与人相处、勤奋和有贤内助"。可见，良好的行为习惯对一个人是否能够取得成功是极其重要的。

大量事实充分证明，成绩优秀的学生，一定具有良好的行为习惯。因此，父母应该把培养孩子的行为习惯作为家庭教育的着力点。

儿童时期是一个人模仿能力最强的阶段。如果孩子能在这一阶段养成良好的行为习惯，他将受益终生。

1987 年，75 位诺贝尔奖获得者在巴黎聚会。有人问其中一位获奖者："您在哪儿学到了您认为最重要的东西？"

这位获奖者平静地说："在幼儿园。"

"在幼儿园学到什么？"

"学到把自己的东西分一半给小伙伴，不是自己的东西不要拿，东西要放整齐，吃饭前要洗手，做错事要表示歉意，要仔细观察大自然……"

幼儿园是培养孩子习惯非常重要的场所，孩子在幼儿园养成的习惯，将变成其行为的一部分，是很难改的。

灿灿在黄山上幼儿园时有个习惯，就是出入校门口会跟保安叔叔问好。当她 5 岁时来到北京上幼儿园，发现学校门口虽然也有保安叔叔，但并不是所有小朋友都会跟保安叔叔问好，可是出于以前养成的习惯，她每次出入校门口时还是会跟保安叔叔打招呼。上了小学之后，灿灿每天上下学在离保安还有很远时就会跟他打招呼，即使当天她的情绪不好。

一旦养成好习惯，孩子就会在习惯的驱使下走上成长的正轨。但好习惯并不是那么容易养成的，为此父母一定要坚持原则，做到说话算话，否则一切努力都有可能前功尽弃。

我们公司一个伙伴的孩子很优秀，于是我就向她取经。她告诉我，其实她也没什么秘诀，只是特别注重孩子习惯的养成。比如在吃饭问题上，她从孩子能自己吃饭开始，就告诉孩子必须在规定的时间内把饭吃完，如果吃不完，她就会把碗端走。起初孩子并不把她的话当真，但她真的说到做到。结果孩子饿了几次，按时吃饭的习惯就养成了。

再比如在玩具管理上，她要求孩子在玩完玩具后必须将玩具归位。如果孩子不听话，她先提醒；如果孩子还是不听话，她就直接把玩具扔掉，即使这个玩具是孩子最喜欢的，她也绝不迁就。开始孩子会大哭大闹，但几次下来，孩子就养成了玩完玩具及时将玩具归位的习惯。

案例中的那位妈妈在参加博冠国际父母聚乐部活动时，常常惊讶于很多父母在育儿过程中会遇到那么多的棘手问题，因为她从没有遇到过这些问题。原因就在于她将孩子的好习惯培养出来了。

给孩子奠定自信的基石

自信心是影响孩子健康成长的重要心理因素之一。自信心强的人，更加容易成功。

中国的很多孩子往往都有一个缺点，就是不自信，即使他们在很多人眼里已经非常优秀。不自信主要原因在于，在当下的教育环境中，父母对孩子期望过高，老师过于看重孩子的成绩。

心理学家认为，孩子的自信，源自对自己作为一个人的价值的肯定。这种肯定从根本上讲来自父母无条件的爱。孩子心中最渴望得到的是父母无条件的爱。孩子希望父母给予自己爱，只是因为自己是父母的宝贝，而不是因为自己是"钢琴神童""数学天才"，或者在其他方面有突出表现。如果父母的爱是有条件的，比如，学习好了父母才满意，奥数比赛得奖了父母才高兴；而一旦达不到父母的要求，父母就对孩子横眉冷对、斥责打骂，孩子便会怀疑自己作为一个人的价值，从而变得紧张、焦虑、患得患失，对自己彻底丧失信心，并戴上势利的眼镜看待父母的爱与关怀。

父母要帮助孩子奠定自信的基石，首先要鼓励孩子多做事、帮助孩子做成事。孩子成功的经验越多，其自信心就越强。

去年灿灿在儿童话剧《海底总动员》中扮演了主角尼莫。由于在过去的两年中我不断地激励、帮助她努力练习英语口语，所以演出非常成功。这次经历对她的自信心的提升有很大的帮助。

其次，当孩子取得成功时，父母要不断地鼓励他、肯定他，帮助他总结经验，并把这种经验有效地延续下来。

灿灿特别喜欢画画。前一段时间我告诉她："如果你能画一幅我俩都很满意的画，妈妈就可以考虑将其放到即将出版的书里，你看好吗？"灿灿高兴地说："我要画我和我的好朋友。"随后她就开始很认真地画了。这个目标能很有效地调动她进行图文创作的兴趣，同时也有利于增强她自信心。

再次，多给孩子一些关怀，关注孩子的情绪变化，并及时给予回馈、帮助。当孩子感受到来自父母的关爱，面对困难时他就会更有信心。

教育学家在深入研究后得出这样一个结论：在孩子的成长过程中，最重要的莫过于培养他们的自信心。有了自信心，孩子就有能力克服人生路上遇到的困难，就会用努力进取的态度对待人生。所以在孩子小的时候，当务之急不是让孩子认多少字、背多少诗、做多少道题，而是激发孩子的自信心。

鼓励孩子多参加活动

父母要尽量让孩子做力所能及的事情，鼓励、支持孩子参加户外活动。

灿灿5岁以前，我很少带她参加户外活动。即使幼儿园有活动，一般也是她奶奶上阵。我妹妹当时就跟我说："你看，很多父母都带孩子一起去郊游，或参加亲子旅行。你有空的时候，也应该带着孩子出去玩，别只让妈妈和阿姨带孩子。"当时我一心扑在自己的事业上，没当回事。等我们一家人来到北京，我也改行进入家庭教育领域后，我与孩子的互动增多了。这时我才真正感受到亲子活动的确是加深父母与孩子情感的最快速、最有效的方式。于是去年我创办了博冠国际父母聚乐部后，便举办了很多亲子活动。

父母要多带孩子参加能够和孩子共同参与、相互合作完成某件事情的亲子活动。这样做，不仅能够拉近彼此的关系，还能让孩子结识更多的朋友，锻炼孩子的探索能力，从而让孩子的身心获得健康的发展。

不要对孩子的事大包大揽

培养孩子的独立性很重要。许多父母一面对孩子的事情大包大揽，不给孩子动手的机会；一面又抱怨孩子依赖性太强、独立性太差，害怕孩子长大后不能面对竞争激烈的社会。

孩子在3岁前的可塑性最强，最容易接受教育，是培养孩子独立性的最佳时期。处于这一时期的孩子，凡事都想看一看、做一做，对成人做的事常常表现出极大的兴趣，比如，看见大人扫地，他也到处找扫把；家里来了客人，马上抢着递拖鞋；明明还不会叠衣服，却偏偏要自己来……这些行为，其实都是孩子独立意识正在觉醒的体现。但由于孩子的骨骼、肌肉等发育尚不完善，动作还不协调，常常会弄脏衣服、损坏东西，于是很多父母就不让孩子插手。

父母要认识到，孩子的能力是在动手操作的过程中获得发展的，没有锻炼的机会，培养孩子的独立性也就无从说起。所以，父母要多理解、宽容孩子的"错误"，在思想上高度重视从小培养孩子的独立性，在行动上解放孩子的手脚，让孩子去做自己应该做且力所能及的事情，比如吃饭、穿衣、洗脸、洗手、收拾玩具等。

孩子的事应尽量让孩子自己拿主意、做决定，比如玩具应该放在什么地方、玩什么、与谁玩等。也可以有意识地创设条件，让孩子做父母的小帮手，比如摆碗筷、擦桌子、整理书柜、到邻居家借还东西、到附近商店买东西等。只要孩子想做，又能做的，父母就要大胆放手，即使孩子做得不好也没关系。

独立性的培养还体现在孩子遇到难题时，父母不要直接告诉孩子怎么做，或直接拿过来自己做，而要启发孩子独立思考，由孩子自己去寻找问题的答案。

孩子的独立性还体现在抗挫折能力上。很多孩子从小学到高中都非常优秀，习惯了鲜花和掌声，但是进入大学后，面对来自全国各地的优秀生，自己突然很难出类拔萃。由于无法接受这种心理落差，他们往往会情绪失控，做出很多极端的事来。所以父母要从小培养孩子的抗挫折能力。

培养孩子的独立性不能急于求成，要讲究方式、方法。孩子在做很多事情时，其实都是将其当作"玩"来对待的，父母应正确把握孩子的游戏心理，根据孩子的兴趣和能力因势利导，让孩子在生动、有趣的玩乐活动中提高独立能力。父母还要通过具体、细致的启发和直观形象的示范让孩子循序渐进地掌握一些基本的做事技能，比如玩具怎么放才能更整齐、与同伴发生纠纷时该怎么解决矛盾等，帮助孩子把事情做得更好。当孩子犯"错误"时，父母一定要宽容对待、正面引导，以免打击孩子尝试独立的积极性。当孩子表现出独立的愿望或做事情有进步时，父母要及时鼓励，增强孩子的自信心。

有一次，我在一个体操兴趣班上看到了这样一幕：一位做"场外指导"的妈妈一发现孩子的动作做得不到位（她总能随时发现），就大声地呵斥孩子，有时还会冲上场去纠正孩子的动作。她的行为令老师的教学不得不时常中断，致使其他父母纷纷侧目，而她的孩子也在她的纠正下越做越糟。

当然，如此肆无忌惮的父母是相当少见的，但我从不少站在场外的父母的脸上看到，他们都或多或少地对孩子做错动作表现出不满意。

可是我也注意到一位妈妈的表现非常与众不同。她从不关注孩子是否做错了，脸上一直保持着微笑，所以每当她的孩子回头看她时，都能看到她鼓励的手势与笑脸。而我也观察到，这个孩子的动作在所有人当中做得最标准。

对于孩子来说，学习的过程永远比结果更重要。只要孩子喜欢，并积极参与了，父母就不要太关注细节的好与差。只要孩子有充分的自信心和独立性，总有一天，你会发现孩子真的很棒。

多给孩子创造与他人交往的机会

现在的孩子大部分都是独生子女，往往缺乏与他人交往的技能，也不善于用身体语言表现出自信、友好等精神状态。而一个人的交往能力常常决定他的才能是否能被社会认可。所以，父母需要培养孩子的社交能力。

为了教会父母如何培养孩子的社交能力，博冠国际专门开设了一门课程——社交艺术。有一次，公司和《父母必读》杂志社特意请了美国哥伦比亚大学的凯西老师就社交能力讲了一堂课。

碧生源的高总是我的好朋友。高总对孩子的教育一直非常重视，希望孩子能够进哈佛大学，所以她也带着孩子去听了凯西老师主讲的这堂课。

在上课过程中，凯西老师提出了一个互动问题：什么是社交商？

没想到高总的孩子自告奋勇，用流利的英语阐述了自己对社交商的理解。她那标准的英语口语和清晰的逻辑让凯西老师大为赞赏，直呼"I can go home!"（我可以回家了！）全场随即爆发出会心的大笑。

当得知眼前的小姑娘只有11岁时，凯西老师非常感慨地对大家说："在整个交谈过程中，这位小女孩都表现出了非常高的社交商：她说话的时候，眼睛一直看着我，让我觉得自己是一个非常重要的人；当我说话的时候她在非常认真地倾听；她能够读懂别人眼神或面部表情发出的信号，并做出适当的回应，即会识人脸色。"

凯西老师还表示，如果让她在这么小的年龄登台，并在百余人面前用非母语演讲，她一定不会像高总的孩子表现得这么好。

后来，高总的孩子还参加了几次我们公司组织的会员活动，都表现出了很强的交往能力。这一切在很大程度上源自她父母的用心培养。

要想帮助孩子提高社交能力，首先，父母应该多想办法增加孩子与他人交往的机会。

有的父母认为孩子在学校里与同学、老师的交往就已足够，不需要自己另外想办法。但事实上，在学校里和其他同学交往对孩子来说是远远不够的，一是时间太短，二是交流内容往往局限于学习。

对此，父母可以让孩子经常邀请小伙伴到家中做客，或多带孩子参加各种活动，并在活动中及时帮助孩子学会待客礼仪。

其次，教孩子学会关怀他人，这是孩子能够与他人和谐相处、培养孩子社交能力的根本方法。小孩上幼儿园之后，大部分时间生活在集体之中，难免与小朋友产生摩擦，如果孩子不会关心别人，一切以自我为中心，将很难交到好朋友。

再次，与孩子玩角色扮演游戏。

著名幼儿教育家陈鹤琴先生曾经说过："孩子的知识是从经验中获得的，而孩子的生活本身就是游戏。角色扮演的游戏绝非简单儿戏，它可是孩子认识成人世界的一面镜子。"

在玩角色游戏的过程中，孩子的社交技能将在不知不觉中得到提升。比如，孩子为了使自己的行为与所扮演的角色相吻合，就会努力从角色的视角看问题，从而在生活中学会站在他人的立场看问题；孩子在游戏中还可学习如何坚持自己正当的权利、要求，怎样控制自己的言行，以符合游戏规则，从而学会如何妥协或合作。

0 ～ 18 岁，亲子教育这样做

当孩子处于不同的年龄阶段，亲子教育的侧重点是不同的。对于 0 ～ 2 岁的孩子，亲密关系最重要；2 ～ 6 岁的孩子要重点发展感知能力，所以父母要多带孩子接触外面的世界、多做游戏；6 ～ 12 岁的孩子正处于释放天性的时期，父母要允许孩子犯"错误"；12 ～ 18 岁的孩子正处于青春期，情绪波动大，认同、保护孩子的兴趣是重中之重。

0 ～ 2 岁，与孩子建立亲密关系

当孩子 0 ～ 2 岁时，亲子教育的关键是与孩子建立亲密关系。如果在这一阶段，孩子的亲密需求没有得到满足，长大后就会出现各种各样的问题，比如冷漠、攻击他人等。

在 2 岁以前，孩子的情绪感应非常灵敏，情绪管理也比较容易，这时父母可以通过陪伴孩子玩耍、晚上和孩子同床睡觉等方式，与孩子建立稳定的亲密关系和信赖关系。这些方法对将来孩子和父母的感

情维系具有决定性的作用。

　　英国心理学家哈利·F.哈洛（Harry F.Harlow）曾经做过这样一个实验：他把一只小猴同两只人造的"母猴"（一只用铁丝绕成，身上带有奶瓶；另一只在铁丝外裹有同母猴毛相似的织物）关在一起。哈利发现，在一天中的大部分时间，小猴都是依偎着裹有毛织物的"母猴"度过的，只在饿了的时候才去带有奶瓶的"母猴"那里。当他把奶瓶从小猴的嘴边拿走的时候，小猴只是吧唧吧唧嘴唇，或者用爪子擦去毛茸茸的下巴上滴落的奶水；但当他把毛织物拿走的时候，小猴就开始尖叫，在笼子里滚来滚去。

　　这说明，小猴尽管有生存需求，但有着更为强烈的情感需求。由此，哈利提出了一个非常重要的观点：接触所带来的安慰感是爱最重要的元素。

　　不仅如此，人造"母猴"养大的小猴虽然小时候看不出与其他正常的小猴有明显异常，但长大后却不会做父母，其中许多母猴甚至不会生育。由此哈利推断：人类也同猴一样，有着与他人接触、互动的情感需求。

　　在孩子2岁以前，对与妈妈保持亲密关系更加渴望。所以，妈妈要拿出更多的时间陪伴孩子，如果有可能，也可以做全职妈妈。

在西方发达国家，由于政府能够为全职妈妈提供足够的福利保障，加上全职妈妈不会因没工作受到歧视，所以很多职业女性在有了孩子后愿意回归家庭，陪伴孩子。

我的一个博士朋友在美国定居，结婚后生了两个孩子。现在孩子虽然都大了，但她一直没有工作。她的先生也是一个博士，虽然事业发展得很好，但并没有因为妻子没有工作而瞧不起她。

我助理的姐姐在美国生活了12年，一直在家照顾两个孩子，没有工作过。我的助理经常跟我说，她姐姐为教育两个孩子付出了很多，把孩子培养得很好。

但是在中国，由于保障制度还不完善，加上大多数人并不把全职妈妈当成一种职业，女性一旦放弃工作，不仅影响家庭收入，还有可能因不关注自身成长导致夫妻关系变差，在物质、精神上遭受双重损失。所以，在中国当全职妈妈是非常需要勇气、智慧的，既要打理好家庭，也不能忽略自身的成长、不能脱离社会。

2011年我刚来北京的时候，有过做全职妈妈的想法。但是我发现，以我的个性，让我放弃事业做全职妈妈是非常困难的。

我记得过去休年假待在家里陪伴孩子时，我都觉得自己放下工作来陪伴孩子，在事业上损失很大，就想让孩子学点什么以补偿我。但是孩子似乎明白妈妈的陪伴不是出于爱，而是出于功利目的，变得不愿意配合，为此我们时常发生冲突。

后来我认识到，要想做好全职妈妈，一定要有一颗平常心，从心底里愿意为了孩子放弃自己的事业。但我明白自己做不到这一点，于是我选择了家庭教育领域，这样我既可以继续拥有自己的事业，又能够陪伴孩子。这也是我创办博冠国际的原因之一。

很多父母没有认识到亲密关系对这一阶段孩子的重要性，或是怕把孩子惯坏了，所以从孩子一出生，就有意或无意地拒绝与孩子亲密接触，还美其名曰培养孩子的"独立性"。

比如在是否与孩子同床睡这个问题上，有的父母听说外国的孩子一出生就自己一个人睡，于是便不加思索地照搬。

事实情况是，很多外国妈妈在孩子 0～3 岁时是不工作的，在家做全职妈妈。她们白天和孩子在一起的时间和亲密度已经足够，所以晚上让孩子自己睡，以培养孩子的独立性。而很多中国妈妈白天要忙工作，晚上回家才有时间陪伴孩子。在这种情况下，带孩子睡觉本应该是与孩子亲密相处的最好时光，而我们有些妈妈却以工作一天很辛苦为由放弃了。

再比如，有些父母认为孩子哭是利用父母的软弱胁迫其满足自己要求，所以孩子哭了不哄、不抱，等他不哭了再抱。

这样做同样犯了以偏概全的错误。孩子哭总是有需求的，父母首先要搞清楚孩子的具体需求是什么。比如，先检查一下孩子是不是饿了，或拉了；如果不是，再查看一下是不是因为噪音太大或者光线太强烈；如果都不是，就是孩子需要精神上的抚慰了。这时，父母就应该抱起孩子，用温柔的眼神看着他，嘴里哼唱轻柔的歌曲，用手轻轻拍打孩子的背部。

2～6岁，带着孩子走出家门、多做游戏

如果孩子在0～2岁时已经与父母建立了很好的亲密关系，具备了很好的安全感，内心非常富足，父母在孩子2岁后就可以带着孩子走出家门，多见世面。

很多父母希望孩子聪明，于是从孩子刚会说话起，就教他识字、算术、背唐诗。但孩子在6岁前是用非语言系统来感知世界的。父母这样做，只会阻碍孩子感知能力的发展，扼杀孩子的天赋。所以，对于2～6岁的孩子，父母应该将培养重点放在孩子的观察力，以及对物体的结构、色彩、形状等的感知力上。

西方的很多父母在这一点上做得很成功，他们会在孩子刚出生没多久就把孩子带到大自然中去，让孩子用眼睛、用心灵感受世界，用身体去探索世界。

有一次我去澳门参加论文答辩。在办理酒店入住手续时，我看见身旁有个外国妈妈一手拉着一个孩子，另一手抱着一个

孩子。我就问她：“你是一个人带着孩子出来旅行的吗？”她说：“是啊。”我说：“孩子太小了吧，有必要吗？”她说：“当然很有必要啊，孩子特别乐意出来玩。只要一说出来玩，立马就不捣乱了。”

中国的父母通常认为，孩子太小，什么也不知道，带他出去玩既浪费钱，又浪费时间，没有意义，不如大点再说。但我以自己的亲身经历证明，这个观点是错误的。

5 岁的时候，父亲曾经带我去杭州出差。这件事虽然已经过了 30 多年，但我依然记得第一次吃到奶油冰激凌的那家店的名字，以及冰激凌摆放的位置；我还记得当时吃了很多海鲜。所以我觉得父母有必要带孩子多见世面，让孩子多感受、多体验。

此外，随着自我意识的发展，2～6 岁的孩子开始进入第一反抗期，主要表现为爱动、不爱说话，时而攻击性强，时而胆小退缩。这时，最有效的亲子教育法就是让孩子参与到各种各样的游戏中。通过游戏，孩子与他人的交往会越来越娴熟，处理问题的能力也会越来越强。

6～12岁，允许孩子犯"错误"

一般情况下，孩子在6～12岁时正处于小学阶段，这时对孩子的教育培养方式要从以游戏为主过渡到以学习为主，重点培养孩子的学习态度、学习习惯，帮助孩子掌握正确的学习方法。

在心理方面，随着孩子的自我评价能力日趋发展，孩子对父母的依赖度开始下降，逐渐形成自己的团体、帮派。在与同龄孩子的交往过程中，孩子很可能表现出自卑、焦虑、对抗等负面情绪，这时父母要给予支持。

在行为方面，这一阶段的孩子虽然已经开始接受正规的学校教育，但孩子无拘无束的天性依然很强，尤其是小男孩，他们可能很难安安静静地在教室里听课。他们调皮捣蛋，不好好学习，让老师头疼不已，让父母脸上无光。

对于这类"错误"，父母要明白这是孩子的天性，不能上纲上线，用成人的观念和思维去分析。否则，父母就会将原本不是问题的问题看得很严重；而孩子在父母的不断唠叨下，可能会变本加厉地捣蛋，缺点也会越来越多。

12～18岁，认同、保护孩子的兴趣

在这一阶段，孩子的自我意识发展实现了第二次飞跃，第二反抗期出现。而且由于升学压力、情感困扰、人际关系交往困惑等原因，孩子的情绪波动会较大。这时候，父母要对孩子做好青春期性教育，

尊重孩子的独立意识，学会疏导孩子的不良情绪。

　　此外，父母还要有意识地认同、保护孩子的兴趣，帮助孩子找到适合他的发展模式。如果孩子不爱学习，但在其他方面有浓厚的兴趣，父母要做的不是逼迫、打骂孩子，而是鼓励孩子将自己的兴趣发展成与众不同的优势。当这种优势让他人刮目相看，获得学校、同伴的认同时，他的自信心就会变得极其强烈，这时再引导他发展其他方面就很容易了。如果父母强迫孩子放弃自己感兴趣的事，孩子在学习上又得不到大家的认同，就会真的一无是处了。

疏通亲子关系的五大法宝

父母是孩子的第一任老师，是孩子在这个世界上最值得
信赖的人。所以父母要在尊重孩子的前提下管教孩子，
要找到管教自己孩子的最有效方法。

伤什么都别伤孩子的心

在疏通亲子关系时，有些重要原则父母必须掌握。比如，伤什么都别伤孩子的心。

作为孩子最信赖的人，父母爱孩子是天性，教育孩子则是天职，但怎样爱孩子、如何教育孩子却大有讲究。

父母只有在尊重孩子的前提下，才可能找到最有效的教育方法。所谓尊重孩子，就是在任何情况下都不要讽刺、挖苦孩子。父母是孩子的第一任老师，是孩子在这个世界上最值得信赖的人；如果父母否定孩子存在的价值，只会深深地伤害孩子。

让孩子学会感恩

许多父母都反映自己的孩子自私、霸道、任性，其实这并不能全怪孩子，在很大程度上与家庭教育失当有关系。比如，我们常常看到这样一幕：当孩子把东西分给老人吃的时候，老人总是说："你吃你吃，我们不吃。"这样的行为实际上扼杀了孩子与人分享的欲望，孩子逐渐变得自私就不奇怪了。

中国的父母无论家庭条件如何、学历高低，对孩子的殷切期盼与关爱都是一样的。他们总是将自己最坚强、最完美的一面展示给孩子，而将所有的辛苦与不快隐藏在心里，对孩子无私付出、不图回报。在这样的关爱与呵护下成长的孩子，往往对父母并不真正了解。他们从小到大都在扮演被爱的角色，不懂得如何去爱别人。

一位母亲在为孩子操办了一个盛大的生日派对后，孩子却不领情，埋怨母亲这里做得不好，那里做得也不好。母亲觉得很伤心，就问孩子："我花了这么多钱和精力筹办你的生日派对，你不仅不谢谢妈妈，还指责妈妈，你有没有感恩的心？"

孩子说："你办得好，我当然会感恩，但是你没有办好，我为什么要感恩？"

"就算你不满意，但是妈妈这么辛苦，你就没有一点感恩之情吗？"

"我不觉得你很辛苦啊，为什么要感恩？"

"退一万步讲，你的生日是妈妈的受难日，这也不值得你感恩吗？"

"你们结婚生我，不是为了自己开心吗，我为什么要感恩？"

母亲一时语塞，哭了起来。

这样的孩子不仅会对父母缺乏感恩之心，对他人也是如此，所以，不懂感恩的人，不仅人际关系会很差，也会失去很多自我发展的机会。

有一位归国老华侨想资助一些贫困地区的学生，于是在有关部门的帮助下，他给多名有受捐助需要的学生每人寄去一本书，随书附上了自己的电话号码、住址以及电子邮箱。老华侨的家人很不理解老人的做法：为什么送一本书还要留下联系方式？

对于家人的不解，老人并不解释，只是一直焦急地等待着什么。他要么长时间地守在电话旁，要么一天几次地去看门口的报箱，要么上网浏览电子邮箱。直到有一天，一位收到书的学生给老人寄来了祝贺节日的卡片（这也是唯一与老人联系的学生），老人高兴极了，当日就给这个学生汇去了第一笔数目可观的助学金，同时毅然取消了那些没有反馈消息的学生的获助资格。这时家人才明白，老人是在用他特有的方式诠释"不懂得感恩的人不值得资助"。

既然缺乏感恩之心后果如此严重，父母就要教孩子学会感恩。

让孩子懂得感恩，并非一蹴而就的事，在孩子蹒跚学步之时就要在他的心里播下感恩的种子。

首先，不轻易满足孩子的要求。

如果孩子一有需要马上就能得到满足，甚至轻而易举就能拥有一切，那么他们就会失去生活中最美好的东西——期望。既然期待之情能带来感恩之心，那么父母就不能轻易满足孩子的要求。

其次，营造感恩的家庭氛围。

正如培养孩子的其他品质一样，培养孩子的感恩之心，父母做好示范是最有效的办法。比如，到饭店用餐，父母要对服务员提供的服务说"谢谢"；当别人给予帮助时，父母可以通过言行表达感谢。在父母的亲身示范下，孩子就会耳濡目染，懂得感恩。

此外，父母也要对孩子表达的感恩愉快地接受并做出积极回应。

我们团队的一位老师就特别注意培养孩子的感恩精神。每次给孩子吃零食或水果时，他都要让孩子拿出两份送给爷爷奶奶品尝，久而久之不用大人教，孩子只要有吃的就会第一时间和老人分享。因为喜欢和人分享，孩子的人际关系非常好，不仅老人们喜欢，朋友也特别多。

再次，在家中创设一些重要的感恩仪式。

父母可以在一些重要的时间点，比如家庭成员的生日或节日时，在家创设一些重要的感恩仪式，让孩子感受感恩的重要性，引导孩子学会表达感恩之情。比如我会在母亲节那天给妈妈洗脚，然后让孩子给外婆捶背。通过这些仪式，让孩子感受妈妈对老人的尊重，从而让孩子学会一些有效的表达感恩之情的方式。

最后，感恩要从学会感谢父母开始。

在人的一生中，对自己恩情最重的莫过于父母：是父母给了我们生命，辛苦地养育了我们。我们的每一次成长无不凝结着父母的心血，所以孩子要牢记父母的恩情，感恩父母。

一个女孩跟妈妈吵架了，一气之下，转身向外跑去。

女孩走了很长时间，看到前面有个面摊。闻到香喷喷的面条，她感到肚子饿。可是她摸遍了身上的口袋，连一个硬币也没有。面摊的主人是一个看上去很和蔼的老婆婆，看到她站在一边直勾勾地盯着面条，就问："孩子，你是不是要吃面？"

"可是，可是我忘了带钱。"女孩有些不好意思地回答。

"没关系，我请你吃。"

很快，老婆婆端来一碗面条和一碟小菜。女孩满怀感激地端起碗就吃，可刚吃了几口，眼泪忽然掉下来，落在碗里。

"你怎么了？"老婆婆关切地问。

"我没事，我只是很感激您，"女孩忙擦干泪水，对老婆婆说，"我们并不认识，您还对我这么好，愿意煮面条给我吃。可是我自己的妈妈就因为我跟她吵架，竟然把我赶出来，还叫我不要回去！"

老婆婆听了，平静地说道："孩子，你怎么能这么想呢？你想想看，我只不过煮了一碗面条给你吃，你就这么感激我；而你的妈妈给你煮了十多年的饭，你怎么能不感激她呢？怎么还要跟她吵架？"

女孩愣住了。想了一会儿，女孩匆匆吃完面条，再一次感谢老婆婆后，就开始往家走。当她走到家附近时，一眼就看到疲惫不堪的母亲正在路口四处张望。这时她的眼泪又掉了下来。

的确，我们常常会为一个陌生人的帮助而感激涕零，却忽略了父母给予我们的细小琐碎而又无微不至的关怀。

父母要让孩子知道，即使父母只能提供最简单的衣食、最质朴的关怀，其中也无不倾注了父母的舐犊之情。这种爱是独一无二的。只有懂得这些，孩子才能珍惜自己拥有的一切，才能理解父母。

帮助孩子克服成长的烦恼

孩子的心灵有时是很脆弱的，当他们的美好愿望与现实产生矛盾时，就会有烦恼。当孩子遇到烦恼时，父母如果不及时了解孩子的烦恼，不帮助孩子克服烦恼，这些烦恼轻者会对孩子的心理产生不良影响，重者会使孩子走入极端。所以，及时帮助孩子克服成长中的各种烦恼，是父母的职责。

那么，父母应该怎么做呢？

首先，父母要多与孩子接触、沟通，在家庭中营造民主氛围，让孩子有机会发表意见，参与家庭讨论。这样，当孩子有烦恼时，他才乐于讲给父母听，寻求父母的帮助。

其次，多关注孩子的情绪，每天留出一段时间和孩子聊聊天。当孩子烦恼时，告诉孩子有了烦恼不要闷在心里，要学会倾诉，因为长时间的烦恼会产生紧张、悔恨、绝望等负面情绪。如果倾诉还是不管用，可以鼓励孩子通过做自己感兴趣的事情来放松精神、冲淡烦恼。比如看书、做室外运动、听音乐、洗热水澡等。

带着孩子去旅行

视野决定高度。带着孩子去旅行，是扩大孩子视野、增长孩子见识最有效的方法之一，是父母对孩子实施现场教育的最好时机，也是增强亲子关系的绝佳方法。

我先生在泰康工作。有一次他被邀请去温州演讲，那时灿灿正好放暑假，所以他就带着灿灿一起去了。回来之后，先生高兴地跟我说："通过这次旅行，我发现了孩子的很多优点，比如孩子的记忆力特别好。演讲结束后，我买了一张温州市的旅游路线图，给她指点了一下各个景点。结果游览了这些景点后，灿灿非常全面地总结了每个景点的特色。

"还有，通过这次出行，我发现灿灿很会关心人。那天演讲结束后，为了带灿灿出去玩，我就没有吃晚饭。（灿灿在他爸爸演讲的时候已经吃饱了。）灿灿知道我没有吃饭，路上一个劲地要我先找个饭店吃饭再去玩。当时我真是感到无比幸福，很享受女儿关心我的那种感觉。都说女儿是爸爸上辈子的情人，此话不假。

"第三件事情是我发现孩子平时在家干事总是磨磨蹭蹭，老让人催促，可是启程当天由于飞机起飞时间特别早，她五点多钟就起床了，而且在头一天就准备好了自己要带的行李，没有让大人帮忙，这一点真的让我刮目相看。

"我还发现她从不占小便宜。去海边玩的时候，当地的陪同人员想给她买东西，她一律不要。后来我问她原因，她说：'我跟这些叔叔阿姨都不认识，所以不能要他们的东西。'"

这次旅行虽然是我先生第一次在工作之余带着女儿去旅行，但我觉得，这次旅行使孩子的心智获得了成长。

外面的世界比任何绘本都生动形象，所以父母要多带孩子出去走走。如果条件允许，父母最好带着孩子周游世界。如果条件不允许，即使只是去郊区踏青、去动物园玩也是挺好的。只要孩子能够感受到大自然的魅力，就可以开阔视野。孩子的视野越开阔，思维方式、看问题的角度就会更多元化，内心也就更包容。

在旅行过程中，多让孩子做事、给孩子授权，孩子的动手能力、责任感会得到很大提升，甚至会给父母带来惊喜——孩子似乎一夜之间长大了。

那次灿灿跟爸爸去温州玩。在回来的头一天晚上，她爸爸特地跟她说"闹钟一响，你就把爸爸喊醒"。其实先生当时是担心孩子不愿意早起，就想了这个法子以激起她的责任感，结果孩子果真一听到闹钟就爬了起来，还立刻喊"爸爸起床了"。

以前出门，孩子的东西都是我和先生拿，可是当我经常在机场看到外国人的孩子都是一个人拉一个行李箱后，我也给两

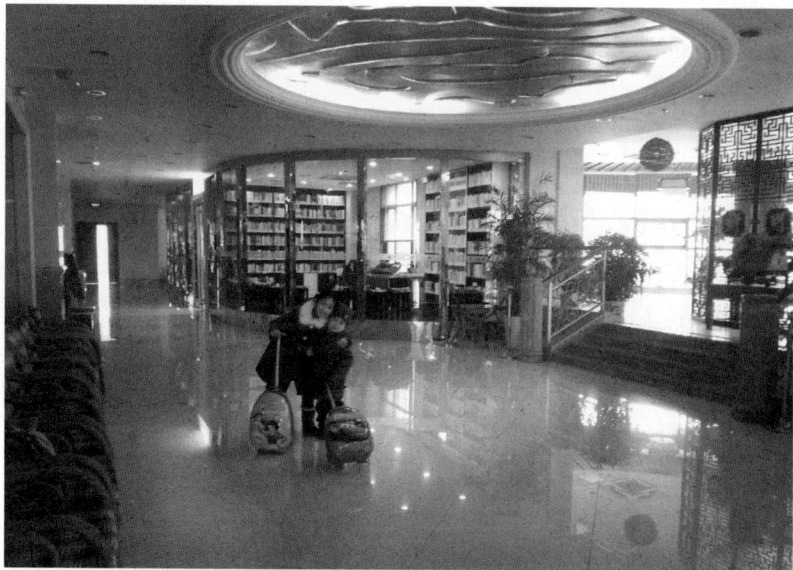

孩子自己拉行李

个孩子一人买了一个行李箱。这样每次远行前，孩子们都需要自己准备行李，路上也是自己拉行李。就我的经验来看，父母多让孩子做事，反而能激起孩子的主人翁精神，这样他就会更积极地与父母合作，耍小脾气的概率也降低了许多。

....

为了帮助父母做好亲子旅行，我特意制订了一份亲子旅行攻略。

· 早做规划，提早预定，不要临时一拍脑袋就出门。

· 项目选择，全家参与。

· 行程尽量做到少而精，以便进行深度体验。很多人出门旅游时喜欢选择欧洲 N 国游。在那么短的时间内去那么多国家，只能是疲于奔命，意义并不大。所以我建议父母带孩子一起出行时，一定要做到少而精，让孩子能够深度体验当地的人文风情和艺术文化。

· 交通要细，日程要粗。这两点要提前做好规划，否则会浪费很多时间。

· 体验文化，品味生活。旅行一定要有品质，要让孩子感受到旅行带来了乐趣，让孩子懂得一些好的生活方式。

· 各司其职，总结分享。

我的好朋友成校长在这方面做得非常好。她们一大家子（成校长的父母、两个孩子以及她哥哥的两个孩子）一起出门旅行前会开个沟通会，进行分工。比如，她家老大负责照顾两个老人，她家老二负责带弟弟妹妹，而她就做总管，负责住宿、吃饭、行程安排等事宜。此外，每天的游览结束后，他们都要开个小总结会，交流当天的旅游心得；等整个行程结束时，还要做一个详细的大总结。这样下来，出行就能做到有条不紊。孩子在这个过程当中也能快速获得成长。

慢养，让孩子赢在终点

每个孩子都有自己的成长节奏，父母不要因为怕孩子输在起跑线上，就对孩子拔苗助长，那样只会得不偿失。

卡耐基培训的主讲人、台湾著名培训师黑幼龙曾提出"慢养"理念。他认为，只有慢养，才可以让孩子赢在终点。他说："养孩子就像种花，要耐心等待花开。"

慢养并不是让父母不教育孩子，而是教育孩子时不求一时的速度与效率，不以当下的表现评判孩子，尊重每个孩子的个体差异。

慢养可以让孩子发现最好的自己。人的一生不是短跑，也不是中长跑，而是一场马拉松。只要孩子没有跑错方向，每个孩子都可以通过每一个阶段的发展和竞争，呈现出最好的自己。让孩子提前学习，避免"输在起跑线上"，是违背孩子的成长规律的，最后带来的不是成长快慢的问题，而是跑偏或者跑反的问题。

每一个孩子在不同的拐点，都有成为第一的机会。前文我跟大家提到的几位高考状元，他们也不是最初就很优秀。所以父母在培养孩子时一定要有慢养的意识，不要太焦虑，拼着命想让孩子上兴趣班，逼着孩子上名校。否则，孩子即使多才多艺，也无法从这些"爱好"中获得快乐。

"很多钢琴十级的孩子发誓再也不碰钢琴，他们不觉得音乐是终生的伴侣，因为音乐夺走了他们玩乐的时间。"一名专门教授钢琴的老师无奈地说。

"有时候仅仅是因为太早、太急，父母反而把孩子的兴趣给扼杀了。"为此，时代小学的高校长讲了自己的一次亲身经历：有个孩子来报名的时候问我"你们学校要不要学奥数"，我说"不学"，于是她拍着手说"太好了，我现在一听到奥数就想吐"。到了初中，老师发现她很有数学天分，就开始让她接触奥数，最后这个孩子对奥数非常着迷，还拿到了国家级大奖。

与高校长所举的例子相反，浙江的一批孩子曾参加国际奥数比赛，并获得了一等奖。当他们载誉归来时，主管基础教育的省教育厅副厅长请孩子们发表感言，其中一个孩子说："我这辈子再也不要碰奥数了。"

在孩子3岁之前，教育的重点不是知识的灌输，而是智慧的启迪。为此游戏和玩耍是最好的教育手段。父母要让孩子多看、多问，要多抱孩子、多与孩子交流，给孩子营造宽松、自由、充满安全感的家庭氛围。

不管是身体、语言，还是认知能力、社会行为等方面的发展，都是需要时间的。现在我们的问题是抢跑，幼儿园学小学的东西，小学上中学的课，到了大学反而要补幼儿园该学的东西，比如行为习惯、人格培养等。这是捡了芝麻丢了西瓜的行为。所以，父母必须要耐心等待，千万不要做拔苗助长的事。

智慧父母的自我提升

人的成长是一个非常复杂的过程。在这个过程中会受到多种因素的影响，很多年轻的父母缺少经验，所以就需要不断地学习，提升自我。

父母的思路决定孩子的出路

父母的思路决定孩子的出路。父母要先要求自己，再要求孩子；先改变自己，再改变孩子。

父母是树根，孩子是花朵

很多人抱怨自己的孩子有这样或那样的问题，但你是否真正想过，孩子为什么会出现这些问题？父母是树根，孩子是花朵。如果花朵有问题，病源多半在树根上。这时就要深入树根寻找原因，而不是仅仅把关注点停留在花朵本身。父母们常常在孩子身上看到的问题，其实是自己的问题在孩子身上的反映。所以，从本质上讲，不存在有问题的孩子，只存在有问题的父母。

父母的思路决定孩子的出路。父母能走多远，决定孩子能走多远；父母能有多高，决定孩子能有多高。所以父母应该先要求自己，再要求孩子；先改变自己，再改变孩子。当我们希望孩子爱学习时，先问问自己是否爱学习；当我们希望孩子有进步时，先想想自己有没有进步；当我们希望孩子用心时，先看看自己是否用心。

原件不变，复印件能改变吗？学习不仅是孩子的事，父母也必须时时不忘给自己充电，用自己的实际行动引导孩子。只有父母好好学习了，孩子才能天天向上。

智慧教育大于知识教育

许多人往往把知识多看作有智慧，于是拼命地往自己的头脑里装知识。等自己当了父母以后，他们又把这一"希望"放在孩子身上。

其实过多的知识并不代表智慧。电脑能够随时调出无数的知识信息，但它并不能代替一颗有智慧的人脑。

智慧是一种空盈的状态，而不是一种满实的状态。对于人脑来讲，智慧不取决于里面有什么，而取决于有多少空间。大脑里空的部分越多，运用知识的空间和能力就越大。这就犹如电脑的硬盘和内存里空白越多，它的运行速度就越快一样。

教育孩子，既要给予使他有，更要保留他的空，不要把他的脑袋填得太满。否则，他的脑袋就犹如一个瓶子被塞得太紧太实一样，只会死读书，智慧就发挥不出来了。

关注孩子的心理成长

孩子是否健康有三个指标，即身体健康、心理健康、适应能力强。其中，心理健康对孩子的发展至关重要。心理健康的孩子乐观开朗、积极进取、意志坚强、宽容自信、奋发向上，能及时调整自己的行为。

关注孩子的心理需求

要想让孩子拥有健康的心灵，父母就必须关注孩子的心理需求。

　　博冠国际的一个会员把孩子培养得非常不错，于是我特意请她参加了案例分享会。这时我才知道，她为培养孩子经历了一段非常曲折的心路历程。

　　当年她先生在外地工作，她自己又要为考研做准备，没有时间照顾孩子，只好把孩子送进一家寄宿制幼儿园。当时她并没有觉得这样做对孩子的心理成长有什么不好，因为她身边的许多人都把孩子送进了这所幼儿园。

　　刚开始，她发现孩子有了很多进步，比如睡眠习惯好了，养成了早睡早起的习惯，不会天天闹到很晚才睡觉，但是慢慢地她发现孩子每个周末回到家后，脾气变得越来越大。后来通过学习她才知道，孩子在幼儿园里要遵守很多规矩，情感得不到释放，所以回到家里就会通过发脾气引起家人的注意，寻找温暖。但当时她根本不知道这一点，只是觉得孩子太难管了，恨不得让孩子天天住在幼儿园里。她甚至想等孩子到了上学的年龄，也上寄宿学校算了。

一次偶然的机会，她开始关注家庭教育，并习得了一些方法和技巧，她这才知道孩子脾气大是因为孩子有情绪需要宣泄。如果父母没有采取有效的引导方法，会导致孩子对父母的抵触情绪更加严重。于是她在孩子到了上学的年龄时没有把孩子送到寄宿制小学。

虽然工作很忙，但每天下班后她都会抽出大部分时间陪伴孩子。经过一年多的努力，她和孩子的关系越来越好，孩子的情绪也越来越稳定，很少大发脾气。

现在孩子在各个方面都发展得不错，独立能力、交往能力、表达能力等都有很大的提升。2014年暑假，孩子参加了一场国学演出，参与了一部电视剧的拍摄，还和我的孩子一起去参加了童子军夏令营。

如果案例中的那位学员继续把孩子送到寄宿制小学，甚至寄宿制初中，那么对孩子的心理肯定会有更大的影响。幸好那位会员及时关注了孩子的心理问题。

当然，并不是说寄宿制对孩子的心理成长肯定会有不好的影响，关键是父母有没有关注到孩子内心的需求。如果父母的工作真的很忙，孩子的适应能力比较强，父母又能在周末给予孩子足够的爱，孩子是可以上寄宿制学校的。问题的关键是，父母不要疏忽孩子的感受，出了问题不能一味地指责、粗暴地说教，否则只会适得其反。

在这方面，我的教训很多。如果我的两个孩子发生矛盾，我有时就会很生气地训斥他们，结果不仅没能解决他们的矛盾，反而让局面变得更糟。如果我当时能够心平气和地聆听孩子的真实想法，与他们平等地交流，状况就会好很多。在这方面，人民教育家陶行知先生是我的榜样。

陶行知先生在育才学校当校长时，有一天看到一个男生用砖头砸另一个男生，就制止了他，并叫他到校长办公室去。当陶行知回到办公室时，男生已经等在那里了。

陶行知掏出一颗糖给这个男生："这是奖励你的，因为你比我先到办公室。"男生疑惑地接过糖。接着陶行知又掏出一颗糖，说："这也是给你的，我不让你打同学，你立即住了手，说明你尊重我。"男生将信将疑地接过第二颗糖。这时陶行知又说道："据我了解，你打同学是因为他欺负女生，说明你很有正义感，我再奖励你一颗糖。"这时男生感动得哭了，说："校长，我错了，同学再不对，我也不能采取这种方式。"陶行知听后又掏出一颗糖："你已经认错了，我再奖励你一颗糖。我的糖发完了，我们的谈话也结束了。"

倾听孩子的心声

人们常说倾听是一把开启孩子心灵的金钥匙。所以父母要鼓励孩子多表达，在倾听的过程中辅以点头、微笑、拥抱，父母与孩子的关系将变得更好。

很多父母没有与孩子交流的习惯，有的说自己忙，没有时间；有的说与孩子没有共同话题，很难说到一处。

有一次，我无意中听到几个孩子在一起叽叽喳喳，互相诉说着自己父母的不是，语气里流露出对父母的不满。

"我妈从来不愿意听我说话，也不允许我插嘴，她总是说，小孩子懂什么，一边看书、做作业去！"

"我家里人都是各顾各的，很少在一起说话聊天什么的，很闷哦！"

"话说不到一块儿，还不如上网聊天痛快。反正大人不喜欢和我们孩子聊的。"

孩子是很喜欢与父母说话的，因为父母是他们最亲近的人。他们有了高兴的事，首先想到的是告诉父母，与父母分享快乐；如果有烦恼的事，也最想得到父母的开导，希望父母能替自己分忧。如果父母能时时刻刻关注孩子的情绪，耐心地倾听孩子，特别是其情感上的倾诉，不仅能与孩子的心贴得更近，与孩子建立起朋友关系，成为孩子最信任的人，还能及时分享孩子成功的快乐，帮助孩子排忧解难，消除孩子精神上的包袱和情绪上的垃圾，让孩子变得轻松快乐起来，从而更好地投入到学习和生活中。

去年有一次，我的女儿抱着我说："妈妈，你真好。"我听了心里特别开心。我的女儿比较有个性，而我很强势，所以我们之间经常会发生一些小摩擦。经过学习我发现：如果父母能够静下心来，发自内心地爱孩子，在孩子跟你说话的时候，你不是心不在焉地敷衍，而是尝试着与他进行平等的交流，孩子是能感知到你的用心的。

做善于发现的父母

有智慧的父母一定善于发现孩子的特点、长处，并让孩子知道你看到并且欣赏他的长处。这一点很重要。对孩子而言，父母是他们最看重的人，父母对他们的看法和认识对孩子的自我认识以及亲子关系的培养具有很重要的意义。所以，作为父母，我们要从孩子健康成长和发展的角度出发，而不是仅仅从孩子的学业发展出发来看待和评价孩子。

发现孩子的兴趣

望子成龙是大多数父母都不能避免的通病，特别是在竞争日益激烈的现代社会，于是他们给孩子报英语班、美术班、舞蹈班，钢琴班……"胁迫"孩子成为全才，孩子的心灵因此埋下了抑郁的种子；有的父母盲目崇信放养式教育，对孩子的成长不闻不问，孩子因此变得任性妄为。而事实上，逼迫和放任都是不对的。

父母要做的，首先是帮助孩子发现兴趣。孩子在没有长大之前，对世界的了解十分有限，可能还不太可能明白自己什么有兴趣，这时候就需要父母帮助他发现自己的特长和兴趣。只有当孩子明白学习是自己的事，不是父母的事，并体验到了学习的乐趣，有了学习的愿望和兴趣之后，才会越学越好。

其次，对孩子的兴趣加以引导，帮助孩子开阔视野，增加游戏深度，以便让孩子尽可能地体验到成功的喜悦。这是巩固兴趣的最好办法。其实，如果孩子能长时间、全身心地投入到某一件事情，不仅能使其心智得到充分发展，也能培养其专注力，这是他今后取得成功的重要基础。

发现孩子的成长

父母不要用急躁的心态和方式养育孩子，而要根据孩子的身心发展情况进行适度引导，做孩子的成长教练。

父母和孩子之间，到底是孩子成就了父母，还是父母成就了孩子？我认为二者是相互成就。因为父母在做孩子成长教练的过程中，其实也在修炼自己、提升自己。

首先，父母要观察孩子，发现孩子成长的关键点，并及时给予表扬和肯定。

其次，父母要给予孩子成长的机会。在很多家庭，做妈妈的最看不惯孩子丢三落四、胡乱摆放东西，会习惯性地一边唠叨，一边替孩子整理，结果孩子被养懒了。等妈妈觉得孩子已经足够大，再要求孩子"做好自己的小事"时，孩子却早已习惯了被妈妈伺候的日子，不愿意动手了。

勤快的妈妈反而更容易培养懒孩子。所以聪明的父母应该在孩子面前变得"懒惰"一些，给孩子表现或锻炼的机会。

发现孩子的能力

每个孩子，因天赋、家庭环境等原因，显现出的才能肯定是不同的。由于孩子年龄较小，不能对自己的能力作评价，当他在自己的创造自由实现以后，不仅陶醉于自我欣赏、自我赞美和自我肯定中，更希望得到别人的欣赏、赞美和肯定。这种迫切希望如果得到满足，将会增加他的愉快感，还会更进一步激发和调动他身上的潜能。这时父母要做的，是进行赏识教育，及时肯定孩子的才能，并将其培养成孩子的独特优势。切不可对孩子"泼冷水"，以恶言恶语、冷嘲热讽对待孩子，这会给孩子的心灵造成难以愈合的创伤，导致孩子以后不敢做事。

父母是孩子的引路人

父母在教育的过程中往往重养育轻教育，重生理轻心理，重智育轻德育，重做事轻做人。这些功利性太强的观念会对孩子的成长产生不利影响。所以父母要有科学的家庭教育观念。

孩子要先成人再成才

国际 21 世纪教育委员会明确指出，新世纪的学习者要"学会求知，学会做事，学会共处，学会做人"。这一标准为父母指出了明确的方向，并提出了更高的要求：要先把孩子培养成人，再考虑成才问题。

前段时间，复旦大学研究生林森浩投毒杀害室友事件曾经热闹一时。记者在采访林森浩时问道："每个人做事都有一个底线，为什么这最基本的东西，在你长到这么大，而且你的智商这么高的时候，反而没有具备？"林森浩回答："不知道。我觉得这些东西是需要学习的，就是你头脑里的底线，你做事的习惯方式、思维方式都是需要你学习的。除非你在很小的时候，可能你的家庭、周围环境存在那种很强烈的、反反复复的刺激，导致你头脑里从小就形成这种习惯。要是从小没有，那么你长大之后要学习，必须是要自己反复不断地强化。"

作为复旦大学的研究生，为什么林森浩的思维模式和他的智商模式如此不匹配？他自己道出了其中的原因：一个人幼年时所处的家庭环境和家庭氛围，对他的人格养成及长大后的思维方式有着至关重要的影响。

人的生活从家庭开始，且家庭是孩子生活时间最长的处所——孩子从出生到就业，有三分之二的时间是在家里度过的。这样一来，父母的素质、教养、人格、言谈举止、生活方式、处世态度等都会有意或无意地影响孩子，可见家庭教育对孩子能否成人很重要。

要培养孩子成人，我建议父母从培养孩子的德、能、体、智等四个方面下手。

首先要在德这一方面下功夫。

意大利诗人但丁说过："道德常常能填补智慧的缺陷，而智慧却永远填补不了道德的空白。"可见，做人是立身之本，具备优良的品德是成才的基础。

在这方面，父母是孩子最重要的老师。父母要培养孩子从小就具备良好的道德品质，比如勤奋学习、遵守纪律、热爱劳动、懂礼貌、关心他人、艰苦朴素、有较强的责任心。在家庭美德教育中，父母要教育孩子爱自己的家，尊敬、关心父母，听从父母的教导和指点。

在能力方面，父母要重点关注孩子的学习能力、独立能力、社交能力的培养，让孩子懂得自理自护、自强自律。此外，应培养其拥有健康的心理，少点嫉妒心，保持平常心，拥有坚强的意志力。为此，父母要创造更好的环境和更多的机会给孩子。

健康的身体才是未来强大的资本。所以在体质方面，父母要让孩子养成早睡早起、不偏食、不挑食的习惯。此外，孩子正处于长身体的时期，又特别爱动，所以父母要鼓励孩子进行安全有益的活动，以促进孩子的健康发育。

在智力方面，父母可以在小学阶段就重点培养孩子在学习方面的兴趣，时时关心孩子的学习情况，随时与老师进行沟通交流。周末可以参与到孩子的学习当中去，和孩子一起看看书、做做题，充分调动孩子的学习积极性。此外，还要注意培养孩子良好的学习习惯，帮助其掌握好的学习方法，比如上课专心听讲、积极思考、主动发言，课后保质保量地完成老师布置的作业，再认真检查作业等。随着孩子不断地长大，父母还要给他创造开阔视野的机会，创造多元文化的学习交流平台。

为孩子选择最合适的教育途径

随着教育资源的逐渐丰富，教育途径逐渐分化为两大阵营：主流教育和非主流教育。主流教育是指传统的公立学校，非主流教育指私塾、私立学校、国际学校或去海外留学。面对众多选择，父母需要慎之又慎，为孩子选择最合适的教育途径。

认识各国教育特色

由于目前很多有经济实力的家长愿意将孩子送到海外留学，且留学生的年龄也越来越小，甚至有的孩子从小学就开始留学。为此，父母有必要了解一下英、美、澳、德等留学大国的教育特色（见图6-1），以便做到心中有数。

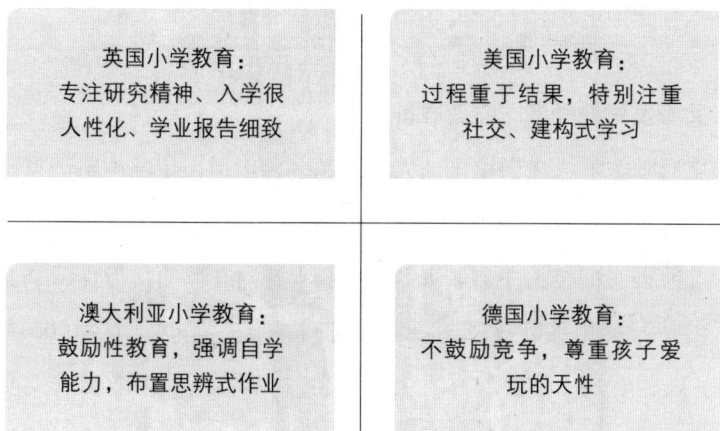

英国小学教育：
专注研究精神、入学很人性化、学业报告细致

美国小学教育：
过程重于结果，特别注重社交、建构式学习

澳大利亚小学教育：
鼓励性教育，强调自学能力，布置思辨式作业

德国小学教育：
不鼓励竞争，尊重孩子爱玩的天性

图 6-1　英、美、澳、德等国的教育特色

美国的小学教育倡导"过程重于结果"，使用建构式教学法，特别注重锻炼孩子的社交能力。这对孩子综合能力的提升是有一定帮助的。

我的女儿灿灿参加了两个课外班：一个是情商教育，一个是英语学习。这两个课外班均使用美国小学的教育方法，采取项目管理形式，对孩子的思维方式的帮助是很大的。当然，所有的学习都是潜移默化的，有一个积累和积淀的过程，不可能立竿见影，其效果往往在未来才能呈现出来。

英国的小学教育提倡"专注于研究精神"。入学很人性化，学业报告很细致。

澳大利亚的小学教育是鼓励型的，强调培养学生的自学能力，注重给孩子布置有利于锻炼思辨力的作业。我的一些朋友去那里进行为期一两年的学术交流，就把子女带去一起生活。他们给我的回馈是，不管父母是不是外籍，是否买了房子，都可以在当地申请上学，且实行就近入学，非常方便。

德国的小学不鼓励竞争，尊重孩子爱玩的天性。

父母要做好经济、心理准备

就目前来看，出国留学的人越来越多，但出国留学的路一点也不平坦，需要父母做好经济、心理等方面的准备。

北京四中的校长在国际班的招生会上曾向在座的父母强调：

第一，如果你为孩子选择了国际班的话，至少要准备 200 万元（孩子从高中到大学的教育投入），而且这笔钱不能影响你的家庭生活。第二，千万不要认为这条路比准备高考轻松。有些父母不太想管孩子，以为让孩子上国际学校，出国留学就是板上钉钉的事。恰恰相反，如果说高考是过独木桥的话，那么上国际学校就是多线作战。随着去海外留学的中国孩子越来越多，名校的门槛也越来越高，孩子样样都需要精通。

将决定是否出国留学的权力交给孩子

去不去国外留学，父母只能提供参考意见，决定权还在孩子，但父母要帮助孩子搭建开阔视野的平台，比如带孩子去各个名校参观，让孩子感受一下这些学校的氛围，然后再看孩子如何选择。

我的一个好朋友，她的孩子出国前在上海的一所国际学校学习。因为朋友和她先生都比较忙，孩子一直是由外婆带。

虽然孩子的学习成绩很一般，但家庭条件还是比较好的，所以他一直拥有很好的学习环境。孩子上初三的时候，暑假参加了一个去美国游学的夏令营。孩子回来后就对他妈妈说："妈妈，我以后要去美国留学。"随后孩子对学习变得特别积极，尤其是英语更是每天不离口。我朋友对此十分诧异：以前是自己要求他学这学那，但当他有了留学的心思后，立马产生了驱动力，学习变成了自愿行为。

父母可以让孩子通过游学先感受、体验一下，但是否出国留学，最后的决定权一定要交给孩子。

孩子出国留学，父母不要因小失大

如果孩子决定出国留学，父母要注意，切不可为了孩子的教育牺牲自己的事业和家庭。有的父母害怕孩子太小没法照顾自己，往往让妈妈去国外陪读，爸爸留在国内打拼事业。这样做很容易使夫妻俩因长期分开而导致感情破裂。这个损失太大了。

有的父母会在孩子很小时就让孩子独自出国留学，这样做既不利于孩子与父母之间感情的沟通，也不利于孩子的成长，毕竟孩子的自制力、判断力、辨别是非的能力还很差。

　　2014 年，我的一群好朋友移民去了美国。有的是因为孩子要去美国读初中，有的是为了获得更好的生活环境，有的是因为需要去国外发展生意，但无论是什么原因，我要强调的是，如果希望孩子长大后回国发展，就不要让孩子成为一个"香蕉人"——外表是中国人，内心却完全西化。为此，父母要创造机会让孩子多接触中国文化。

父母是心灵导师，家庭是素质学校

父母对孩子的爱是一种重要的教育力量，但同时也可能使父母背离理性思考，收到相反的效果。所以，父母不仅需要学习，而且需要不断地学习。

父母也需要不断地学习

对于孩子的成长，父母与老师的作用都至关重要，但二者也有明显的分工：老师是孩子的知识导师，是教师；父母是孩子的心灵导师，是榜样。

与其他职业相比，父母有一些特殊之处：

一是干得好理所当然；干得不好、干得不开心也不能辞职不干。我记得自己还没有进入家庭教育领域时，每每处理两个孩子的矛盾就会特别纠结、头疼。即使自认为一碗水端平了，老大也会指责我不公平。所以我常常开玩笑地对孩子说"妈妈要是可以辞职就好了"。

二是准入门槛低，只要能生出孩子即可当父母。现在绝大多数行业都有岗前培训，要求员工必须持证上岗。司机要有驾驶证，教师要有教师资格证，医生要有医师资格证，律师要有法律职业资格证，却单单没有父母上岗证。可见，父母是世界上最随便、最缺少培训的职业。

三是培训力度小。我们社会对那些从事儿童工作的人员，如教师、医生、幼儿园里的营养师等都要进行专门而严格的训练，可是对于在孩子生活及成长中担负着最重要培养任务的人——父母，却视而不见，没有给予任何专门的训练乃至最低程度的提醒，任由父母用自己的方法带孩子，带成方的就是方的，带成圆的就是圆的。这样做不利于孩子的成长。

人的成长是一个非常复杂的过程，会受到多种因素的影响，可能由于孩子的自我修正能力比较好，不用父母操心就能成才，但这种运气不是人人都有的。对于绝大多数父母来说，不付出是不可能有收获的；即使付出了，也有可能因为缺少经验、方式错误导致孩子的发展与父母的期望相去甚远。对学校来说，一个学生不成才，可能只是1%的损失；但对于一个家庭来说，就是100%的损失。所以，父母需要不断地学习。

孩子在成长过程，身心发育、认知能力、社会适应能力都在不断变化。如果父母不加以学习，不了解孩子的成长规律，就不能真正了解孩子，更不可能帮助孩子顺利应对每个阶段的挑战和角色转变。

要想改变孩子，首先要改变自己

教育是一项系统工程，需要家庭、社会和学校实现三位一体，做出共同的努力。

　　三者有明确的职能分工：学校的目标是培育成才，职能是给孩子灌输基础知识，让孩子学习技能、遵守规则、懂得合作、尊重权威；家庭的目标是将孩子培养成人，侧重于对孩子进行素质教育，帮助孩子形成良好的习惯，使其懂得感恩、学会分享，具有较强的社交能力及健康的人格。社会的职责是培养孩子的社会适应性。因为孩子最终是要进入社会的，所以父母要让孩子多接触社会。

　　在现实社会中，很多父母将教育孩子寄希望于学校和老师，一旦孩子有问题，就把责任推给孩子本人、学校、社会，却忽略了自己才是教育孩子的最重要的责任方。

　　父母要明白，要想改变孩子，首先要改变自己。父母不仅要多阅读教育书籍，也可以通过求助教育机构、专家，进行一些系统性的学习，以便在短时间内掌握一些有效的教育孩子的方法。

让自己变身教育专家

　　有一次我坐飞机时遇到一位很优秀的职业女性。她长期在国外工作，事业做得风生水起。

　　在聊天过程中她告诉我，她的孩子快3岁了。我问她："孩子谁带？"她说："老人带。"我又问："你这么全世界地飞，你不觉得根本就没时间陪孩子吗？"她说："我觉得孩子这么小，吃好喝好不就够了吗？我还需要管那么多？我只要给他创造好的物质条件就可以了。"

这位妈妈的回答反映了很多职业女性的心声。她们不愿意牺牲自己的事业，不懂得无条件的陪伴对 3 岁以前的孩子非常重要。

父母应该经常问问自己：

为什么生孩子？

自己期望有一个什么样的孩子？

自己能给孩子什么样的教育？

孩子需要的教育是什么？

孩子是被动地来到这个世上的，如果父母不能给他良好的家庭教育，让他能够在世上走得更顺畅一些、更快乐一些，对孩子是不公平的。

很多父母觉得只要自己一心为孩子好，就不用讲究教育方式，也不用学习如何做父母。这样想就大错特错了。父母也是一种职业，试问世界上有哪个职业能够在不学习的情况下也能做得很优秀？答案当然是没有，所以父母也需要学习。

A 是博冠国际的一名学员，到现在已经学习了七个月，而且从来没有缺过课。她说自己通过学习受益很大，于是我特意请她在一次家长交流会分享了自己的学习心得。

初为人父人母，我们总是想把最好的东西给予孩子，可是

166

什么是孩子最想要的？我们了解孩子吗？答案常常是否定的，于是我们感到越来越迷茫，在孩子面前变得越来越无助。

我们的脑海中可否想过什么样的父母才是合格的？不学习也能成为合格的父母吗？我认为，要想成为合格的父母，必须经过刻苦的学习，并且要把它作为一项必须认真对待、终身学习实践的工作。

父母都希望自己的孩子出人头地，都希望孩子比自己强。但凡事讲究一分耕耘一分收获，要想收获多，就必须为孩子多付出。

如果以上问题父母靠自身的力量无法解决，那么可以选择走进父母课堂，让教育专家帮我们搞清楚怎样成为合格父母。

想做合格的父母，要上的第一课就是如何抓住孩子成长的关键期。比如从怀孕 6 个月开始，胎儿就已经可以感知外界的声音了，这个时候准妈妈要多听古典音乐，准爸爸要多与孩子说话，可以更好地刺激孩子脑神经的发展。当孩子有了自己的思维，父母就需要用他们的思维与其沟通，而不是想当然地交流，这也需要学习。

有一次，博冠国际的教育专家在谈父母为什么要学习时，有几点吸引了我：

· 父母需要系统地学习如何教育孩子，零碎的学习是不可取的，因为教育孩子是一项系统工程。

· 孩子在不断地长大，也在不断地变化，所以父母要持续地学习，在学中实践，在实践中感悟。

· 晚学不如早学。等孩子出了问题，即使花更多的时间和金钱，可能也无法弥补。

· 衡量一个人的价值有两个维度，一是父母本身的成就，二是孩子的成就。

作为父母，我们要学习的东西还很多，而能够和孩子一起学习、一起成长，才是人生最大的快乐。

这位学员分享的是她的真实感受。她觉得通过学习，学会了很多方法、技巧，掌握了与孩子进行有效沟通的艺术，懂得了在孩子各个敏感期的注意要点，从而规避了很多问题，少走了很多弯路，而且实现了与孩子一起成长的目标。

智慧父母成就卓越孩子的秘密

家庭是孩子人生的第一所学校。好父母不是天生的，父母能够给予孩子的，是不断学习和发展的态度；是愿意和孩子一起学习，并且对孩子的认知发展感兴趣；是给孩子提供相应的学习条件。

家庭是孩子人生的第一所学校。父母能够给予孩子的，是不断学习和发展的态度；是愿意和孩子一起学习，并且对孩子的认知发展感兴趣；是给孩子提供相应的学习条件。

为孩子提供宽松的成长环境

宽松的环境可以让孩子自由地寻找梦想，并执着地追逐自己的梦想。古今中外许多名人，比如爱因斯坦、比尔·盖茨、毕加索，他们的成功都源于父母给他们提供了宽松的成长环境。

比尔·盖茨的父亲在自己所著的《盖茨是这样培养的》一书中，讲述了他的家庭对比尔·盖茨的教育精髓：引导孩子的天赋，给孩子自由成长的空间。

　　比尔·盖茨从小就酷爱读书，尽管他还是个孩子，但他喜爱读成人的书。而他的父母满足了他的这一需求——在他的家里，他可以随意翻阅父母的藏书。

　　当外祖母意识到比尔·盖茨在思维与记忆上的潜力时，她总是不失时机地激活他这方面的潜能。她教比尔·盖茨下跳棋、玩筹码、打桥牌等她所喜欢玩的游戏，她还总爱对比尔·盖茨说："使劲想！使劲想！"她也常常因为比尔·盖茨下了一步好棋、打了一张好牌而拍手叫好。有时祖孙俩到公园散步，外祖母常与比尔·盖茨交流下棋的技术或看到的某篇佳作，让比尔·盖茨寻找更好的方法，表达独到精辟的见解。

　　当比尔·盖茨如父母所愿考上哈佛大学后，只过了一年，一个天大的难题摆在了父母面前：比尔·盖茨要离开哈佛，放弃锦绣前程，与别人一起创办计算机公司！了解儿子秉性和志向的父母经过思考，同意了他的决定，于是比尔·盖茨毅然离开了令亿万学子向往的哈佛大学，开始在软件领域大展宏图。

　　著名文学家冰心曾经说过这样一句话："让孩子像野花一样自然生长。"孩子的身心特点决定了他们是在不断地尝试中学习和成长的，所以父母不要给孩子设置过多的条条框框，不要给孩子过早地定向，要给孩子创设一个宽松的成长环境，让孩子自由发展，发挥他们的天性。

挖掘孩子的独特性

父母的任务是发现孩子的独特性，并帮助孩子将其发挥出来，这样孩子成功的可能性才会更大。

有些父母说："我横看竖看，也没看出孩子有什么独特优势，就看到缺点了。"但在我看来，即使是缺陷，只要具备独特性，也有可能成为不可替代的优势。

在中国乒乓球运动史上，邓亚萍被称为"矮个子的乒乓女巨人"。在她之前，绝大多数从事乒乓球运动的人都认为，乒乓球运动员必须是手长腿长的高个子，所以，个子矮小的邓亚萍不断被否定，但她用事实证明，个子矮并不是绝对的劣势，只要使用得当，也一样能创造奇迹。

1982 年，邓亚萍 9 岁，当时河南省队正在招运动员，邓亚萍报名却被拒绝了，理由很简单：个子矮、身体素质不达标。其实这个理由不难理解：在体育界，天分（身体素质和悟性）很重要，乒乓球运动对于选手的臂长、腿长、灵活性要求都很高，而这些条件邓亚萍都不具备。

但邓亚萍的父亲没有气馁，他带着邓亚萍来到刚成立不久的郑州市乒乓球队。虽然很多人不同意接收邓亚萍，但总教练李凤朝却被输球后气呼呼的邓亚萍吸引了。他说自己看到了一个优秀的运动员需要具备的最重要的素质——不服输。

1986年秋，邓亚萍在全国乒乓球锦标赛上出场19场，胜了18场，但始终因为身高原因入不了国家队。国家队教练班子多次研究，仍然统一不了意见。张燮林却坚持招邓亚萍入队，他在发言中说："不能因为个子矮就简单地判断邓亚萍没有发展前途。正因为她个子矮，过来的球大多比网高，有些来球就成了机会球。再说邓亚萍打球积极主动，攻击力强，抢先上手的意识也很强。人才是一个综合性的概念，邓亚萍还有潜力，应该给她机会。"

在张燮林等教练的坚持下，邓亚萍才终于在1987年12月进入了国家青年队，最终成为一代女兵的领军人物。也因为邓亚萍的出色成就，人们改变了世界乒坛只在高个子中选拔运动员的传统观念。

每个孩子都有自己独特的地方，这些特质也许不能使孩子成为第一，但一定能使他成为唯一。父母要做的，就是挖掘孩子特质，让其成为孩子安身立命的长项，帮助孩子做最好的自己。

扬长避短，发挥优势

人无完人，每个孩子都有自己的优势，也都有自己的劣势。如何做才能使成功的可能性更大？不是取长补短，而是扬长避短。

许多人都熟悉木桶理论。该理论认为，木桶的容量取决于最短的那块木板，于是很多人认为，弥补自己的短处，实现全面发展，才有可能成功。但在教育领域这一理论并不适用。对于孩子来说，决定其未来成就的往往是最长的那块板。所以父母在教育孩子的时候，要尽可能地发挥孩子的长处。

互联网巨头阿里巴巴的创始人马云因为数学成绩不好，考了三次大学才考上杭州师范学院，离他给自己定的目标——北京大学差了很远。但他的英语很好，在中学时期就常常清晨跑到西湖边找老外聊天，13岁起就骑着自行车拉着老外满杭州城跑。

考上杭州师范学院英语专业后，流利的英语加上从小就在小伙伴中培养出的哥们义气让马云在大学如鱼得水，他很快当选校学生会主席，随后又当选杭州市学联主席——他成了校园里最活跃的人。

1988年，马云被分配到杭州电子工业学院（现为杭州电子科技大学）教英语（英文及国际贸易讲师）。据说，他是杭州师范学院当年500名毕业生中唯一去大学教书的人，其他人都去中学教书了。

在大学校园，马云意气风发，很快成为一名优秀的青年教师，但是他不甘寂寞，发起了西湖边上的第一个英语角，并开始在杭州翻译界名声大噪。不仅如此，马云还利用空闲的时间去杭州一家夜校兼职教外语。他的激情总让台下听课的人热血沸腾，并被他的思维方式引领。

那时候，很多人都知道在杭州电子工业学院有个叫马云的老师英语非常厉害，于是遇到要翻译的文件，都来找他。但是，随着业务量的增加，马云也做不过来，于是他在1994年1月成立了杭州海博翻译社。但后来他发现，仅靠这样一个翻译社，好像和自己的人生理想相去甚远。他思考着怎样做一家能实现自己人生价值的公司。

1994年圣诞节后，马云就开始沉浸在和一位叫比尔的外教的聊天中。在这样的聊天中，马云第一次听说了世界上还有一种网叫互联网。比尔跟马云讲得眉飞色舞，互联网是如何如何有意思。其实，当时比尔也对网络一窍不通，马云也听得云里雾里，但他还是觉得互联网是有意思的玩意儿。

有一次，马云去美国帮他人追一笔债，顺便到西雅图找到了比尔。他告诉了比尔自己的痛苦经历，然后问比尔互联网这玩意到底是什么。于是，马云在比尔的带领下参观了当地第一个ISP公司VBN。

后来马云对VBN公司的人说："你在美国负责技术，我到中国找客户。咱们一起来让中国企业上网。"他们当时给网站起了个名字，叫中国黄页（chinapages）。

1995年3月，马云从美国回到杭州，身上只剩下1元人民币和用在拉斯维加斯赢的600元美元买的一台电脑。那天晚上，马云请来了24位朋友，想听听这些做外贸的人对互联网的商务需求。

马云讲完，朋友们问了 5 个问题，马云都没答上来，结果有 23 位朋友反对马云干互联网："你开酒吧，开饭店，办个夜校，都行，就是干这个不行。"只有一个人说："你要是真的想做的话，你倒是可以试试看。"

那一夜，马云辗转反侧，但是朋友们的建议还是没有让他选择放弃。他决心尝试一下："最大的决心并不是我对互联网有很大的信心，而是我觉得做一件事，经历就是一种成功，你去闯一闯，不行你还可以掉头；但是如果你不做，就像晚上想了千条路，早上起来走原路的道理是一样的。"

1995 年 4 月，中国最早的互联网公司之一——浙江海博网络技术有限公司成立。多年以后，马云也因此而被挂上了"中国互联网之父"的头衔。

时至今日，作为互联网的领军人物，马云依然声称自己对技术不太懂，但他将自己的热情、毅力等优势用在了互联网事业上，最终成就了自己。

打造孩子的国际竞争力

随着全球经济一体化的不断加剧，孩子将面临越来越激烈的竞争。所以，尽快让孩子与国际接轨、打造孩子的国际竞争力是当务之急。

所谓国际竞争力，是指以下五点：

第一，自信，而且善于沟通；

第二，具备独立的个性及自尊；

第三，具有独立思考能力和创造力；

第四，有爱心，有良知，具备社会责任感；

第五，关心时事，具有国际视野。

外圆内方才是王道

据调查，世界许多知名企业选拔人才的标准几乎是一致的，其中沟通与人际关系、团队合作能力、个人道德品行居前三位，常常被很多人看重的分析解决问题的能力和以往的事业成就只排在第四位和第五位。

有远见卓识的父母应该将以上标准作为培养孩子的标杆，为孩子创造施展个性、发挥天赋的机会，将孩子培养成外圆内方的人。

培养孩子的社会责任感

社会责任感是杰出人才必须具备的素质之一。为了培养孩子的社会责任感，父母要让孩子多参加各种社会活动，提升与他人合作相处的能力。如果孩子每天上完课就回家写作业，周末也待在家里，不和社会打交道，成长的机会从何而来？

在这方面，我和孩子自认做得不错。来到北京后，由于工作关系，我参加了很多国际论坛、研讨会以及各种总裁班的学习和活动。通过这些平台，我认识了很多学术界名人，获得了很多资源，各方面的能力也得到了很大提升。有感于此，这几年我也经常在周末带孩子参加活动。不仅带他们参加孩子们的活动，也带他们参加了一些跟社会关怀有关的活动。目的是让他们有同理心，知道帮助别人自己也能获得快乐，这样的孩子更容易与他人交流。

2014年，我带着孩子参加了"天使妈妈·百万妈妈在行动"大型感恩会。晚会由邱启明、孙晓梅等著名节目主持人倾情主持。在长达4个多小时的晚会中，通过义拍、救助案例分享、访谈互动等环节，全面展示了"天使妈妈"在社会爱心的支持下救治救助贫困患儿的历程。

在活动中，我们看到了很多感人的场景。孩子在晚会结束时对我说："妈妈，我们是不是也可以献一份爱心呢？"看来我的目的达到了：通过这场活动，孩子知道了自己应该帮助别人。后来，孩子在学校里也经常协助老师组织一些帮助贫困儿童的献爱心活动，我觉得孩子的社会责任感增强了很多。

开拓孩子的国际视野

要想让孩子具备国际视野，必须培养孩子以下四种素养：具备多元文化底蕴；拥有世界眼光，关注全球性问题；有很强的规则意识，并遵守规则；具有高远的理想与追求。

想让孩子具备多元文化底蕴，拥有世界眼光，具有很强的规则意识，就要给孩子创造条件接受和尊重不同的文化，成为世界公民。比如带孩子出国游学。我们小区的很多父母从孩子上小学一年级开始，基本上每年都会带孩子到国外过寒暑假。顶顶现在还在上幼儿园，可很多和他一样大的小朋友已经游览了很多国家，眼界已经很开阔了。

再比如，孩子可以通过交流学习建立国际友谊。友谊和人脉资源要靠孩子自己去建立，父母要做的就是倾听孩子的梦想，鼓励孩子为了实现梦想敢于冒险，并给孩子提供足够的空间和机会。

构建孩子的能力体系

新的教育改革时期已经到来，学习成绩不再是评判一个孩子是否优秀的唯一标准。但"零起点"不等于"零准备"，父母还是要训练孩子的各种能力，帮助孩子构建能力体系，以便孩子更好地融入学校生活，进而融入社会。

能力体系包含五大能力，即抗挫折能力、独立思考的能力、感知幸福的能力、专注力、领导力。这些能力对于孩子能否在这个竞争如此激烈的时代站稳脚跟是非常重要的，如果任由孩子在玩乐中长大，今后将很难适应社会的激烈竞争。只有具备健全的能力体系，成为复合型人才，才能够在未来的竞争中脱颖而出。

抗挫折能力

家庭是挫折教育的第一课堂。人在儿童期虽然经历尚少，但也会遇到各种挫折，这时父母的态度如何、教育方式怎样，将直接影响到孩子对所经历的挫折事件的认识与适应程度，甚至影响到他今后的心理发育和健康成长。

专家发现，父母在孩子的挫折教育上存在很多误区。

有的父母一面高喊要对孩子加强挫折教育，一面却又主观地判定孩子经不起挫折，在孩子因在比赛中没有取得名次而号啕大哭时，告诉孩子"输就输吧，没关系"。其实孩子为比赛输了而哭并非坏事，既是情绪的自然发泄，也是一种争强好胜、要求上进的表现。对此，父母不能给孩子传递"输赢无所谓"的信号，而是应该帮助孩子分析失败的原因，让孩子认识到自己的不足之处，这样才能让孩子在今后的竞争中取得胜利。

与"输赢无所谓"的父母相反，有的父母喜欢把自己的想法强加给孩子，让孩子参加一些他不想参加的比赛，并很在意比赛结果。但当孩子失败时，他们又把责任推给孩子，认为孩子承受不了挫折。其实，参与竞赛的人那么多，输的可能性本来就比赢的可能性大，一味强调必须赢，只会让孩子输不起。因此，比起事事争第一，不如让孩子学会凡事尽力就好。

有的父母认为让孩子多吃苦就是挫折教育，于是送孩子去参加各种吃苦夏令营，或者干脆人为地给孩子制造困难、挫折。在孩子遭遇挫折之后，也不帮助孩子分析和总结教训，结果只会让孩子失去自信。

挫折教育的本质并不是让孩子明白什么是挫折，而是培养孩子面对挫折时无所畏惧的自信心。因此，家庭正确地引导和培养孩子的抗挫折能力就显得十分重要。

独立能力

让孩子学会独立，比获得好的学习成绩更重要，前者关系到孩子的一生是否能过得幸福。

我曾在机场看到一个对比很强烈的画面：在同一登机口，一对年轻的中国夫妇带着一个约3岁的小男孩，一对外国夫妇带着一个与男孩年龄相近的女孩，他们都在等着登机。但不同的是，男孩被父母轮番抱在怀里，而女孩不仅没让妈妈抱着，还帮着妈妈推着小推车。年龄相仿的小朋友竟然会出现这么大的差异，很值得我们深思。

　　在中国，像案例中的男孩那样的情况比比皆是，根源出在中国的孩子缺乏独立意识，对父母太过依赖。

　　孩子之所以缺乏独立意识，很大程度上是中国父母的教育理念出现了偏差。中国的父母太强势，孩子遇到任何事情，都由父母做主，孩子只要乖乖听话就好。就连孩子上什么兴趣班、上不上辅导课也是由父母做主，即使收效甚微，父母也不在意。日子久了，孩子完全失去了独立意识，只是等待父母主宰他们的人生。

　　所以，培养孩子的独立能力，最要紧的是父母必须调整教育方法，敢于放手，培养孩子独立思考、独立判断、自己的事情自己做主的意识。只要孩子感兴趣，就应该让他们尽情发挥。

幸福力

　　幸福取决于对幸福的感知能力，而不在于你实际拥有多少。一个没有感知幸福能力的人，即使他得到的再多，他也不会幸福；一个能够感知幸福的人，无论他多么平凡，他都是幸福的。

没有家庭的和谐，就没有社会的和谐。苏联教育家苏霍姆林斯基说："教育的理想就在于使所有的儿童都成为幸福的人。"让孩子感知幸福是父母给予孩子最好的财富，所以家庭教育的终极目的，在于提升孩子的幸福力——理解什么是幸福，具备追求幸福的能力，否则孩子拥有的再多，也很难感到幸福。

在许多父母的眼里，现在的孩子幸福得不得了。因为他们小时候没有多少家庭拥有私家车，也不可能经常去饭店吃饭，而如今的孩子却能常常光顾肯德基、麦当劳、必胜客，品尝各种美食。在他们看来，如果自己能够拥有这样的童年，能过上这样的生活，他们一定会开心地飞起来。可为什么在本应该幸福的童年，大多数孩子却感到不幸福？因为现在的孩子大部分是独生子女，很容易养成自私的毛病，不知道什么是感恩、珍惜和责任，不尊重他人，不包容他人，更无法感知幸福。

为此，父母应该培养孩子拥有宽广的胸怀，具有包容不同观点的能力——拥有多元视角的孩子，才会更加容易用欣赏、积极的态度面对世界。如果父母在这方面做出榜样，对孩子多包容一点，胸怀开阔一点，那么孩子也会学会包容，从而更容易保持内心的平衡，更容易拥有幸福感。

美国"成人教育之父"卡耐基在很小的时候母亲就去世了。

在他9岁那年，父亲又结婚了。在继母刚进家门的那天，父亲指着卡耐基向她介绍说："以后你可千万要提防他，他可是全镇公认的最坏的孩子，说不定哪天你就会被这个倒霉蛋害得头疼不已。"

卡耐基本来就不打算接受这个继母，觉得继母会给他带来霉运，但接下来继母的举动却出乎卡耐基的意料。她微笑着走到卡耐基面前，摸着卡耐基的头，然后笑着责怪丈夫："你怎么能这么说呢？你看，他怎么会是全镇最坏的男孩呢？他应该是全镇最聪明、最快乐的孩子才对。"

继母的话深深地打动了卡耐基，从来没有人对他说过这种话，即使母亲在世时也没有。就凭着继母的这句话，他和继母开始建立友谊。这一句话也成为激励卡耐基的一种动力，使他日后创造了成功的28项黄金法则，帮助千千万万的普通人走上成功和致富的光明大道。

有一次，我们为《父母必读》杂志做了一场赞助活动，由台湾地区的黄秋蓉老师做主讲。这是一堂很有意义的课。在课上，黄秋蓉老师提出了一个很重要的观点：父母只有让自己的人生是彩色的，才能带出幸福的孩子，经营出幸福的家庭。对此我非常认同。

很多人钱越来越多，收入越来越高，物质越来越丰富，有车有房有事业，但为什么还是感到不幸福？就是因为他们的人生只有一种颜色——追求名利。名利的确能在最初的一段时间给人带来愉悦、幸福的感觉，但任何事物都有边际递减效应，当名利多到令人麻木，幸福也就离你远去了。

专注力

兴趣是最好的老师，不管是大人还是小孩，在做自己感兴趣的事情时都会很投入、很专心，所以父母应该把培养孩子的兴趣与专注力结合起来。

蜚声国内外的钢琴家李云迪之所以能够成为中国乃至全世界有名的钢琴家，就得益于其父母懂得如何利用他对钢琴的兴趣，培养他的专注力。

李云迪4岁的时候已经对乐器表现出浓厚的兴趣，于是父母给他买了一部手风琴。没想到他的手风琴学得非常出色。李云迪7岁时，父母又给他买了钢琴。

为了让李云迪学好钢琴，父母不仅给他找最好的学校、老师，还抽出很多业余时间陪伴和督促他练琴。李云迪每天下午4点放学回家，6点完成所有的功课，7点开始练琴，一直练到9点，再预习第二天的功课，然后睡觉。

练琴是非常枯燥的，作为一个孩子，李云迪一样也有不想练琴的时候，但是他因为热爱钢琴，所以只要坐下练琴，就很专注。如果某个曲目完成得不好，即使时间再晚，也要练下去，直到练好才休息。作为一个孩子，如果他自己不热爱钢琴，这一点是做不到的。

就算李云迪的天赋再好，如果没有父母的坚持陪伴与培养，他也不可能抓住一次又一次的机会，成为"中国肖邦"。

李云迪的妈妈张小鲁说："我每次陪儿子练琴，都是非常非常用心地听。每天都要陪上五六个小时，但我并不觉得累。因为我认为，我和孩子既然选择了这条路，既然付出了精力，就应该对得起自己付出的一切。"

一个周末，李云迪听说家里要来亲戚，便央求妈妈准许自己不练琴。张小鲁严肃地对儿子说："定下的事情一定要做，不能轻易改变。"于是他们把活动时间往后推，并让李云迪提前一个小时练琴。完成任务后，李云迪便高高兴兴地和家人一起出去玩了。对于妈妈的强硬，李云迪很理解："其实我妈管得对，只要我完成了每天的正常学习任务，看电视、打乒乓球这些我喜欢的事情，我妈从来不干涉我。"

培养孩子的专注力，不仅需要父母的陪伴，也需要父母有毅力。从某种意义上说，孩子的毅力其实就是父母毅力的体现。

领导力

具有组织和领导才能的人往往是自信、尊重他人、具有坚强意志和独立思考能力的人。但领袖气质不是天生的，必须靠后天的培养。博冠国际开设的"培养领袖孩子"课程一直都很受父母欢迎，因为父母都希望自己的孩子能成龙成凤，具备领袖气质。但父母应该明白，任何一种能力都应以家庭教育为主。

为了帮助孩子建立自信，父母不仅需要给予孩子鼓励，也要敢于放手，让孩子独自探索。一旦孩子遇到问题向父母求援时，父母也不要立即动手帮他，而应该鼓励他自己想办法再试试。

父母还要给孩子提供更多的机会锻炼组织才能，比如带孩子出游时授权他全权管理家庭团队。在领导团队的过程中，孩子的独立思考能力、责任心将会得到很好的锻炼。

此外，在孩子 3 岁以前，父母不要一门心思地关注孩子的智力开发，还要帮助孩子学习如何与他人顺畅沟通，以便为他将来形成良好的人际关系打下基础，成为一个受欢迎的人。

后 记 ● ● ● ●

　　博冠国际立足全球，专注中国父母教育，致力于为中国家庭创造一个亲切、安全、充满爱意和幸福感的环境，给中国父母提供高质量的活动和学习交流平台。我们的使命宣言是"为中国父母提供孩子有效心智的DNA"，愿景是"建造一家优质的有效心智DNA的家长学校"，我们的终极事业是"做幸福家庭的推手，引领更多有影响力的人，为一亿家庭实现美丽和谐家庭梦"。博冠国际家长学校拥有便捷的线上学习平台，拥有儿童发展敏感期、幼小衔接家长课堂、儿童素质教育等系列课程体系。帮助父母真正成为智慧家长，照亮孩子前途，为孩子的一生保驾护航。

　　对于我来说，做一个优秀的母亲，是我在未来的最好追求。我也希望将我对父母的爱转化为对孩子、对社会的爱。我要特别感谢我的母亲，因为她一直在全力支持、帮助、关爱着我。我遗传了父亲的严谨、认真，母亲的亲和、包容，由此证明，父母的气质会影响孩子的一生。我非常感谢成就过我、帮助过我的贵人们，是你们让我变得越来越优秀。我也希望通过我的影响力，带动更多的人来帮助更多的家庭实现"美丽家庭梦"。

人为之奋斗的终极目标就是过上幸福的家庭生活，我们的梦想就是让中国的父母幸福快乐，打造更科学、更全面的家庭教育价值观。

养育孩子是一场温暖的修行。让我们多学习，少说教，共同进步，不断成熟，使自己成为更出色、更成功的父母。

人生最需要超越的，就是昨天的自己。《做最好的父母》就是让我们以自己的能力来做到最好的自己。感谢读者的支持和信任，因为是你们让我的未来生活更加精彩。

勘误表

页码	名称	误	正
13	灿灿所在小学的教育理念	脚踏实地做人，脚踏实地做事，顶天立地做人。	脚踏实地做事，顶天立地做人。